Friedrich W. Cosmann

Historisch genealogisches Magazin für den deutschen Adel

Vorzüglich in Niedersachsen und Westphalen

Friedrich W. Cosmann

Historisch genealogisches Magazin für den deutschen Adel
Vorzüglich in Niedersachsen und Westphalen

ISBN/EAN: 9783743392977

Hergestellt in Europa, USA, Kanada, Australien, Japan

Cover: Foto ©ninafisch / pixelio.de

Weitere Bücher finden Sie auf **www.hansebooks.com**

Historisch-genealogisches

Magazin

für

den deutschen Adel

vorzüglich

in Niedersachsen und Westphalen,

Ersten Jahrgangs erstes Quartal
mit vielen Kupfern und Urkunden,

Herausgegeben

von

Friedrich Wilhelm Cosmann b. R. Dr.
Hofgerichts-Beisitzer in Paderborn, und
mehrerer gelehrten Gesellschaften Mitgliede.

Wer keinen Werth auf die gute Meinung legt,
die die Abkunft von edeln Vätern bei jedem Un-
befangenen für den Erben ihres Namens erregt,
der denkt zu klein, um eine ähnliche Meinung
durch eigene Kraft erwerben zu können.
von Münchhausen.

Frankfurt und Leipzig 1798.

Sr. Excellenz

des

Herrn Herrn

Clemens August

Reichsgrafen von Westpfal

in Fürstenberg,

Herrn zu Fürstenberg, Laer, Herbram, Borgholz, Dinkelburg, Mülsborn, Meschede, Großenheerde, Rixdorf ꝛc. ꝛc., der Hochstifter Paderborn, Hildesheim und Osnabrück Erbschenk, Erbküchen- und Erboberjägermeister, Sr. K. K. Majestät wirklichen Kammerherrn, geheimen Rath und bevollmächtigten Minister, hochfürstl. hildesheimischen und paderbornischen geheimen Rath und Deputatus bei der Landschaft, Landdrosten zu Dringenberg, Drosten zu Liebenburg und Hunnesrück ꝛc. des Kaiſ. St. Josephs-Ordens Großkreuz ꝛc.

a 2

widmet

dieses erste Quartal

in Unterthänigkeit

der

Herausgeber.

Hochgebohrner Reichsgraf,
gnädiger Graf und Herr!

Ich glaubte es den Pflichten der Dankbarkeit schuldig zu seyn, wenn ich Ew. Hochgräflichen Excellenz das erste Quartal dieses Magazins widmete. Die ausgezeichneten Gnaden, womit Hochdero Familie die meinigen und mich überhäufte, sind mir unvergeßlich; und schon oft wünschte ich Gelegenheit, dieses Bekenntniß öffentlich ablegen zu können; der ich mich zu ferneren Gnaden empfehle

Ew. hochgräflichen Excellenz

unterthänigster Diener
Dr. Fried. Wilh. Cosmann.

Vorbericht.

Eine langwierige Krankheit, unvorhergesehene Hindernisse, und Ermangelung einer hinreichenden Anzahl von Subscribenten haben die Herausgabe dieses vor drittehalb Jahren bereits angekündigten Magazins bis hiehin zurückgehalten. Alle Hindernisse sind nun gehoben, und von nun an wird alle Quartal regelmäßig ein Heft erscheinen. Plan und Zweck d. M. sind aus der Ankündigung hinreichend bekannt, nur war es nicht möglich, alle dort versprochene Artikel auf einmal zu liefern; die Familiengeschichte der Grafen von Westpfal z. B. war zu weitläufig, als daß sie mir Platz übrig ließ, mein Versprechen ganz erfüllen zu können. Ich entwarf diese genealogische Geschichte aus einem Wuste von mehr als 300 Urkunden, die zum Theil für die Geschichte Westpfalens äusserst wichtig sind. Ich würde die vorgesteckte Bogenzahl weit überschritten haben, wenn ich auch nur die bis auf

di: Stammväter der Johannitiſchen und Wil-
helminiſchen Linien gebrauchten 44 Urkunden
in dieſem Hefte hätte abdrucken laſſen; wor-
aus dann nach reiflicher Ueberlegung bei mir
die Idee entſtand, ein beſonderes **Urkun-
denbuch zum deutſchen Adelsmaga-
zin** herauszugeben, welches jedem Geſchichts-
und Geſchlechtsforſcher kein unangenehmes
Geſchenk ſeyn dürfte. Dieſes erſcheint, ſo
oft ein Alphabet oder mehr vorräthig iſt,
und wird den H. H. Subſcribenten für
einen Gulden nachgeliefert, wogegen der
Ladenpreis für diejenigen, welche das Magazin ſelbſt nicht halten, auf einen Reichs-
thaler unabänderlich feſtgeſetzt wird.

Uebrigens wiederhohle ich die Bitte, ſo-
wohl an adliche Familien, als Gelehrte,
mich bei dieſem mühſamen Unternehmen mit
Subſidien oder in den Plan paſſenden Ab-
handlungen zu unterſtützen; ich werde, wo
es verlangt wird, ein billiges Honorarium
gerne verabreichen.

I.

Historisch-diplomatische Genealogie der reichsgräflichen Familie von Westpfal in Fürstenberg.

Vom Herausgeber.

Erste Abtheilung.

Von Hermann Bilung, Herzog in Sachsen, bis auf Johann und Wilhelm von Westpfal, Stammväter der Johannitischen und Wilhelminischen Linie.

Erster Abschnitt.

Von Hermann Bilung, bis auf Konrad II. Grafen von Arnsberg.

Einleitung. Wenig abliche Geschlechter können ihre Abstammung mit einiger Wahrscheinlichkeit über das XII. Jahrhundert hinausbringen; noch weniger aber dieselbe auch nur von hier an diplomatisch sicher stellen; Es seye dann: daß sie sich an den hohen Adel anschliessen, und ihre Abstammung von irgend einem fürstlichen oder gräflichen Hause herleiten können. Der hohe Adel ist ungleich älter, hatte sich auch früher Zunahmen beigelegt als der niedere, was aber mehr als dieses war, er stand auf einem höheren Posten, hatte Gelegenheit mehr zu wirken, was die Aufmerksamkeit der Geschichtsschreiber auf sich ziehen konnte. Ein Graf, der sich auch durch nichts vor seinen Zeitgenossen auszeichnete, als daß er, vielleicht gar in der Ferne, eine Schlacht mitangesehen hatte, wird uns von den Chronikenschreibern sorgfältig genannt, indeß sie den Ritter oder reisigen Knecht verschweigen, der vielleicht Wunder der Tapferkeit that. Der Mönch Widekind giebt sich nicht einmal die Mühe, uns das Vaterland seines Otto miles zu nennen, indeß er manchen Herzog oder Grafen nennt, dessen Biografie mit dem Gellertschen Verse:

„Er ward gebohren,
„Er lebte, nahm ein Weib und starb"
füglich ausgedruckt werden könnte.

Daher kommt es dann ohne Zweifel, daß die Geschlechtstafeln des niedern Adels zuerst in der letzten Hälfte des XII. Jahrhunderts mit Zuverläßigkeit angefangen werden können. Eine große Menge ungedruckter Urkunden, größtentheils aus den Archiven der Adlichen und Klöster in Niedersachsen und Westpfalen gesammlet, und eine ziemliche Anzahl genealogischer Manuscripte verbürgen mir diesen Satz, und haben mich nun völlig überzeugt, was von Rüxners Turnierbuche und ähnlichen Werken zu halten seye. Wenn der sel. Professor Cramer in Hildesheim die Abstammung der Familie von W** aus den Zeiten der Völkerwanderungen im V. Jahrhundert herleiten will; so ist dieser historische Hochverrath selbst in einem Glückwünschungsgedichte unerträglich. Wer kennt nicht den genealogischen Unfug, der in unsern Gegenden mit Wittekind und andern berühmten Sachsen getrieben wurde? Ein gewisser Behrens, der vor ei=

nigen vierzig Jahren hier sein Wesen trieb, nährte sich reichlich von dergleichen Abstammungstafeln. Ich besitze mehrere derselben; die mir theils gedruckt, theils noch in Manuscript von verschiedenen Familien mitgetheilt sind. Er treibt in mehreren seine Unverschämtheit so weit, daß er wider alle Geschichte dem Herzog Wittekind jedesmal einen neuen Sohn andichtet, wovon die begünstigte Familie für ihr baares Geld abstammen soll. Eine derselben fängt an:

„Clemens I. ein Sohn *Wittekindi Magni*,
„genannt *Comes Franciæ, vixit circa*
„*annum 972.*"

Es gehört wahrlich keine kleine Dosis von Unverschämtheit dazu, solche Sünden wider Geschichte und Chronologie für historische Wahrheit verkaufen zu wollen!

Bei der Bearbeitung gegenwärtiger Familien-Geschichte nahm ich mir gleich anfangs vor, nicht weiter hinaufzusteigen, als mich historische Gewißheit begleitete, wäre ich auch im XV. oder XVI. Jahrhundert stecken geblieben. Ich wußte es zum voraus, daß Sr Excellenz der Herr Graf von Westpfal mit solchen Erdichtungen nicht aufgeschickt waren, auch würde ich mich ohnehin zu Schmeicheleien dieser Art nicht herabgelassen haben. Ich bin und wie ich glaube überall mit mehr als historischer Wahrscheinlichkeit, bis zu dem sächsischen Herzog Hermann Bilung hinaufgestiegen, und habe vom XI. Jahrhundert an alle genealogischen Sätze mit Urkunden belegt, die im gräflich von Westpfälischen Archiv zu Fürstenberg aufbewahrt, und von mir selbst größtentheils abgeschrieben sind. Wo mich diese Quelle verließ, schöpfte ich aus bewährten Geschichtsschreibern, die ich jedesmal in den Noten getreu angeführt, und selbst nachgeschlagen habe. Ich schmeichele mir daher, daß jeder Geschichts- und Geschlechts-Forscher, der die mit einer solchen Arbeit verbundenen Schwierigkeiten kennt, meinen darauf verwendeten Fleiß und historische Sorgfaltigkeit nicht wird verkennen können.

Während dieser Arbeit wurde mir indessen durch eine Rezension in der Jenaer allgemeinen Litteraturzeitung ein neues hi horisches Werk bekannt a), worin eine ganz neue, von der meinigen abweichende Genealogie des Bilungischen Stammes aufgestellt ist. Der Verfasser fängt um beiläufig 200 Jahr früher als ich mit einem gewissen Amelung an, und gedenkt, andere offenbare Irrthümer zu verschweigen, nicht einmal des Grafen Hermanns von Westpfalon, der dann doch wohl sicher gelebt hat, und nach dem Zeugniß gleichzeitiger Geschichtsschreiber (man sehe unten §. 1 ‒ 5) ein Sohn des Herzogs Benno und Enkel des Herzogs Hermann Bilung war. Er läßt die Herren von Habersleben, von Hertbick, von Meßburg und endlich die Herren von Paderborn (die zuverläßig nie existirt haben) aus dem Bilungischen Stamme entstehen, von welchen allen ich bei Bearbeitung dieses genealogischen Aufsatzes nicht die mindeste Spur fand. Sobald ich das Buch selbst in Händen habe, wer-

---

a) Spicilegium historico - genealogico - Diplomaticum ex antiquissimo & florentissimo quondam agro Bilungiano &c. a Josepho *Schaukegl* benedictino Seitenstadtensi. Sieh Litteraturzeitung No 375, Seite 539 u. folg. vom Jahre 1796.

de ich in einem der folgenden Hefte eine nähere Prüfung seiner genealogischen Sätze aufstellen, und meine Geschlechtstafel zu rechtfertigen suchen.

§. 1.

Hermann Bilung Herzog in Sachsen.

Hermann Bilung wurde im Jahr 938 vom Kaiser Otto zum Herzoge der Sachsen ernannt b). Um die Geschichte seiner Abkunft hat die Zeit einen undurchdringlichen Schleier geworfen, nur wissen wir höchstens durch den Verfasser der Reim-Chronik c), daß sein Vater Bilung hieß; wie er es uns in folgender Stelle überliefert hat:

„An dem Middel des Landes was beseten
„By den Tyden gar vermeten
„Ein Her de heit Herman,
„Alse eck vernommen han:
„syn Vader Bilung was genannt,

---

b) *Wittekindus* Lib. II. Anal. bei Meibom Script. rerum German. pag. 643. Schaten Anal. Paderborn. Part. I. pag. 280.

c) Bei *Leibnitz* Script. rerum Brunsvic. Tom. III. pagn. 21, cap. 13.

„ Nit mehr eck van siner Küne fand
„ went dat he van Adams Geschlechte were

Dieses sonst ungewöhnliche Stillschweigen der ältern Geschichtsschreiber brachte daher einige neuere auf die nicht ganz unwahrscheinliche Vermuthung, die aufsteigende Genealogie Hermanns möchte wohl nicht die glänzendste gewesen seyn. Aus dieser Vermuthung entstand nachher die unverbürgte Sage: Hermann seye ein Bauernsohn aus Stübekeshorn gewesen, die ein Schriftsteller dem andern nachschrieb; bis er endlich an dem gelehrten Meibom d) einen rüstigen Vertheidiger fand, und seitdem ist diese Fabel aus dem Gedächtnisse der Gelehrten verdrängt.

Es kann uns übrigens gleichgültig seyn, was der Vater Hermanns gewesen, genug, er selbst war ein großer Mann, würdig Ahnherr einer so zahlreichen und berühmten Nachkommenschaft zu seyn.

§.

---

d) *In Vindiciis Bilingianis;* Script. rerum Germ. Tom. III. pag. 37 seq.

§. 2.
Wird fortgesetzt.

Otto schätzte ihn ausserordentlich, er war der entschiedene Günstling dieses großen Kaisers. Fast an allen glänzenden Handlungen und Thaten desselben hatte er durch weisen Rath oder unmittelbare Mitwirkung den vorzüglichsten Antheil. Kurz Hermann war nach der damaligen Stufe der Kultur, worauf unser Vaterland stand, der größte Held und Staatsmann seines Zeitalters.

Er starb endlich im Jahre 973 zu Quedlinburg e), kurz zuvor, ehe Otto selbst seine glänzende Laufbahn vollendete. Otto war bei seinem Tode untröstlich, und beweinte bis an sein Ende den Verlust dieses wahrhaft großen Mannes; wie es uns Widekind in einer Stelle seiner Chronik — die ich ganz hersetzen will — folgender Gestalt hinterlassen hat f):

---

e) Der Leisborner Mönch B. Witte irrt offenbar, wenn er in seiner Hist. antiq. Sax. das Sterbejahr bis 981 hinaufschiebt.

f) Man vergleiche auch noch Dittmar. bei *Leibnitz* loc. cit. pag. 337 und den Chronogr. Saxo ad an. 973, Seite 187.

„tristis namque imperator, schreibt er, illa loca perambulat optimi viri ducis Hermanni obitu, *qui prudentiæ, justitiæ, miræque vigilantiæ in rebus civilibus & externis,* cunctis retro mortalibus reliquit Memoriam."

§. 3.
Hermanns Söhne und Töchter, vorzüglich Benno Herzog in Sachsen.

Hermanns Gemahlinn ist unbekannt, und von seinen Kindern lassen sich — obgleich er wahrscheinlich mehrere hatte — nur folgende mit Zuverläßigkeit angeben. I. Benno oder wie er von einigen genannt wird, Berno; II. Lüdiger Vater des Bischofs Imad von Paderborn; III. Suamhildis Wittwe des Grafen Ditmars, nachherige Gemahlinn Eckihards, und IV. Mathilde, die an einen Grafen von Flandern verehliget war.

Benno wurde Erbe der beträchtlichen Erbgüter seines Vaters, und zugleich nach dessen Tode von Otto II. zum Herzoge der Sachsen ernannt g). Ganz seines Vaters würdig, hatte

---

g) Conr. Botho. Chron. pictur. bei *Leibnitz* Script rer. Brunsvic. Tom. III. Seite 311;

er mit den Gütern desselben auch seine Tugenden geerbt. Schon im Jahre 975 hatte er sich den Ruhm eines der tapfersten Männer seiner Zeit erworben, und bei verschiedenen Belagerungen der Dänischen Festungen gezeigt, daß seine Einsichten mit seiner Tapferkeit im gehörigen Verhältniß standen h).

Er hatte indessen bei verschiedenen Geschichtschreibern in spätern Zeiten das Unglück mit seinem Sohne Bernhard verwechselt zu werden. Benno war nach dem einstimmigen Zeugniß der Geschichtschreiber ein leutseliger, frommer und weiser Mann i), sein Sohn Bernhard aber, der unmittelbar nach ihm Herzog in Sachsen war, steht nicht im besten Rufe, und raubte, wo was zu kriegen war k). Benno war

---

Chron. Luneb. Ebendaselbst Seite 173; Fragm. Chron. Bardew. ebendaselbst Seite 247.

h) Dittmar. bei *Leibnitz* loc. cit. Seite 342 und 348.

i) *Leibnitz* loc. cit. Tom. I. Seite 524.

k) Degenerans a patre populum rapina gravavit. *Adamus Bremens.* Lib. II. cap. 14; *Helmold* Chron. Slavor. cap. 13 und andere, die *Pfeffinger* ad Vitriar. Vol. II. pag. 111 angeführt hat.

war freigebig gegen Kirchen und Klöster l), sein Sohn Bernhard grade das Gegentheil, er zwackte den Klöstern ab, was er konnte, und nicht eine einzige geistliche Stiftung hat ihm ihr Daseyn zu verdanken.

Otto II. schätzte den Herzog Benno sehr, und ließ dadurch seinen Verdiensten Gerechtigkeit wiederfahren. Noch mehr aber galt er bei Otto III, der sich dergestalt an seinen Umgang gewöhnt hatte; daß er ohne ihn keine vergnügte Stunde zubringen konnte. Er war bei ihm alles in allem, und trat bald als Oberstallmeister m), bald als Oberhofmeister n), bald als geheimer Rath o) und bald als Feldherr bei ihm auf.

---

l) Man sehe das Chron. Quedlinburg. bei *Leibnitz* Script. rer. Brunsvic. Tom. II. Seite 288; und die Comp. Chronol. loc. cit. pag. 65.

m) *Schaten* Anal. Paderborn. Tom. I. ad an. 985.

n) *Schaten* Histor. Westphal. Lib. IV. pag. 116.

o) Ebenderselbe loc. cit. Seite 137.

§. 4.
Bennos Söhne, Bernhard und Hermann von Westpfalon Graf zu Arnsberg.

Das eigentliche Sterbejahr Bennos ist uns gewiß. Sicher ist es aber, daß er zwei Söhne hinterließ, Bernard nämlich und Hermann. Der letztere führte den Beinahmen von Westpfalon und war Graf zu Arnsberg p); wie es nebst den unten angeführten Geschichtsschreibern eine Urkunde vom J. 1036 bei Kindlinger q) auffer Zweifel setzt.

Der älteste Sohn Bernhard erhielt nach seines Vaters Tode die herzogliche Würde, und so blieb sie bis auf Kindeskinder bei seiner Deszendenz, die endlich mit dem kinderlosen Herzog Magnus 1106 ausstarb. Das Herzogsthum kam nach erloschenen Bilungischen Mannsstamm an Graf Luder von Supplingenburg, der nachher unter dem Namen Lothar

---

p) Vet. author vitæ B. Meinwerci bey *Leibnitz* loc. cit. pag. 557.

q) In seinen münsterischen Beiträgen zur Geschichte Deutschlands Th. II. in den Beilagen Seite 37 Num. VI.

von Sachsen zum römisch=deutschen Kaiser gewählt wurde.

Die Nachkommenschaft des zweiten Sohns **Hermann von Westphalon** interessirt uns hier näher. Sie theilte sich in verschiedene Aeste, und aus ihr leiten die meisten fürstlichen und gräflichen Häuser im ehemaligen Sachsen ihren Ursprung ab. Die glaubwürdigsten Nachrichten von ihm, haben wir dem **Lebensbeschreiber des heil. Meinwerks** r) zu verdanken, welcher beinahe mit ihm gleichzeitig lebte. Er versichert uns, daß Hermann ein frommer, tapferer und guter Mann gewesen, der vieles von den Erbgütern seines Vaters erhalten, und beträchtliche Besitzungen hatte s). Er nennt ihn am angeführten Seite 557 ausdrücklich Comes de West- falon, wie er sich dann auch selbst in einer

---

r) Beim *Leibnitz* Script. rer. Brunsvic. loca supra cit.

s) Diese Besitzungen bestanden in der ehemaligen Grafschaft Arnsberg nach ihren ursprünglichen Gränzen, weshalb Hermann auch den Titel eines Grafen dieses Namens angenommen hatte.

Urkunde vom J. 1044 bei Heda und Beka t) diese Benennung beigelegt hat u).

§. 5.
Hermann von Westpfalons Söhne: Hermann, Konrad, Adelbert und Bernhard.

Hermanns Gemahlinn ist uns völlig unbekannt geblieben; es seye dann, daß sie die beim Freiherrn Vogdt von Elspe w) vorkommende Berthildis Vidua, Comitissa de Arnsberg ist, die im J. 1042 eine Kapelle zu Ohlbe dotirte. Er hinterließ indessen folgende vier Söhne: als Heinrich, Konrad, Adelbert und Bernhard; wie es der angeführte Lebensbeschreiber des heil. Meinwerks ausser Zweifel setzt, ohne der vielen Urkunden aus diesem Zeitraume zu gedenken, worin einzeln die Namen dieser vier Gebrüder vorkommen.

So kommt Heinrich im J. 1038 bei der Bestätigung der Rechte und Güter des Klosters Abbinghof, und im Jahr 1048 in einer Schan-

---

t) Histor. Ultraject. p. 228.
u) Man vergleiche oben Note p und q.
w) Histor. ducatuum Angar. & Westphal. Mspt.

kungsurkunde des Bischofs Rotho bei Schaten x) vor. Wenn indessen Hammelmann y) glaubt, der beim Arnold von Lübeck z) vorkommende Heinrich Graf von Arnsberg gehöre in diese Zeiten; so irrt er offenbar, da es aus der Stelle selbst bei Leibniß a) sichtbar genug in die Augen leuchtet, daß er in die späteren Zeiten Heinrich des Löwen gehört, mithin mit diesem Heinrich nicht eine und dieselbe Person seyn kann. — Nach dem Zeugniß des fuldaischen Nekrologiums b) starb Heinrich im J. 1056, und hinterließ den Ruf eines redlichen und tapfern Mannes.

Adelbert und Bernhard kommen unter andern im Jahr 1056 und 1059 bei Schaten c) vor, wo der Kaiser den Ringershauser Wald, und die übrigen benannten Güter im Gau

---

x) Anal. Paderborn. Part. I. pag. 513 und pag. 534.
y) De familiis emortuis von *Arnsberg* pag. 664.
z) Lib. I. Cap. XXXII.
a) Script. rerum Brunsvicens. Tom. II. pag. 645.
b) Bei *Leibnitz* loc. cit. Tom. III. pag. 768.
c) Anal. Paderborn. Part. I. pag. 548 und 553.

Westpfalon und Itoini dem Bischof von Paderborn schenkt.

Bernhard wird insbesondere durch seine Nachkommenschaft merkwürdig, dann von ihm stammt das noch blühende Geschlecht der nunmehrigen Fürsten von Waldeck ab d). Ob ich nun gleich mit Falken nicht glaube, daß Bernhard bereits im J. 1121 den Beinamen von Waldeck geführt habe; so ist es doch sicher, daß er Vogt der paderbornischen Kirche, und daß diese Vogtey erblich war e), wie sie dann auch bei seiner Deszendenz bis zur Wiedereinlösung des Bischofs geblieben ist.

§. 6.

Heinrich I. Sohn Konrad, Graf von Arnsberg und Westpfalon.

Die Existenz dieses Sprossen des Arnsbergischen Hauses wird durch seine Gemahlinn, die

---

d) *Falke* Tradition. Corbej. pag. 169.
e) *Schaten* l. c. pag. 544 ibique Diploma Imadi Episcopi de 1054, mehrere Beispiele erblicher Vogteien finden sich bei *Schaten* Tom. I. pag. 296 und 719; bei Arnold v. Lübeck, Leibnitz l. c. Tom. II. pag. 669; bei Lauenstein Seite 297 und bei *Leukefeld* antiqui:. Nordheim. pag. 231.

eine Tochter Herzogs Otto von Norbheim war, außer Zweifel gestellt. Kämen nicht alle Geschichtsschreiber, so verschieden sie auch seinen Vornamen schreiben, in den Umständen überein; daß er nämlich der Gemahl der Tochter Herzogs Otto, der Sohn des Grafen **Heinrich**, und endlich der Vater des berüchtigten **Friedrichs des Streitbaren** gewesen; so würde es schwer seyn, den rechten Mann zu finden, und genealogische Verwirrungen wären dabei unvermeidlich. Den rechten Mann kann man also nicht verfehlen, ob es gleich noch nichts weniger als sicher gestellt ist, wie er geheißen hat f). Einige nennen ihn **Theodorich** g), einige **Hermann** h), einige **Friedrich** i) und einige, welchen ich aus unten anzuführenden Gründen beigetreten bin, legen ihm mit mehr Wahrscheinlichkeit den Nahmen **Konrad** bei k).

---

f) *Pfeffinger* ad Vitriar. pag. 512 seq.
g) **Kleinsorgen** Kirchengeschichte von Westpfalen ad a. 1070.
h) *Conr. Botho* chron. Brunsvic. pictur. ad a. 1063 bei *Leibnitz* Script. rer. Brunsvic. Tom. III. pag. 327.
i) *Schaten* Anal. Padeth. P. I. pag. 607 und *Gelenius* in vita S. Engelberti pag. 247.
k) *Chronographus Saxo* ad a. IIII pag. 282.

Albert von Stabe l), der dann doch sonst die Namen herzusetzen pflegt, nennt ihn gar nicht, stimmt jedoch darin mit den übrigen überein, daß er der Gemahl der Tochter Herzogs Otto und Vater des Grafen Friedrichs war.

§. 7.
Wird fortgesetzt.

Ich sagte oben, daß ich denjenigen beigetreten, die ihm den Vornamen Konrad zugelegt haben m); die Gründe dazu sind folgende: kein älterer Schriftsteller ist so sorgfältig die ächten Nahmen auszudrücken, als der sächsische Chronograph und Lambert von Aschaffenburg, und eben diese beiden sind es, die den Gemahl der Tochter des Herzogs Otto von Nordheim, und den Vater Friedrichs des Streitbaren von Arnsberg Konrad nennen n). Ich glaubte daher den sichersten Weg

---

l) Ad an. 1105 pag. 148.
m) Diese sind: *Chronograph. Saxo* ad an. 111 pag. 282. *Lamb. Schaffnaburg.* bei *Lamny* Ravensbergische Geschichte Seite 92 in notis, *Pfeffinger* ad Vitriar. vol. II. pag. 430, *Leukefeld* antiquit. Nordheim. pag. 281.
n) Man sehe oben Note k. *Lamb. Schaffnab.* ad annum 1073, *Pfeffinger* ad Vitriar. pag. 428.

zu gehen, wenn ich diesen, nicht aber einigen spätern, ohnehin auch nicht so getreuen und sorgfältigen Schriftstellern folgte.

Nicht wenigern Schwierigkeiten ist indessen auch der eigentliche Namen seiner Gemahlinn unterworfen. Einige nennen sie Ethilinde, allein es ist bereits sicher gestellt, daß diese eine ältere Schwester derselben war, die zuerst an den Herzog Welf, (den Stammvater des noch blühenden Welfisch-Braunschweigischen Hauses) nachher aber an den Grafen Hermann von Kalverlage (den Stammvater des Ravensbergischen Hauses) verehliget war o). Andere glauben, sie habe Ida geheißen, allein mit eben so wenigem Grunde. Ida war zwar gleichmäßig eine Schwester von ihr, allein diese wurde dem Grafen Timon von Wittin zur Ehe gegeben, und gesegnete Stammmutter des noch regierenden Meisnischen Churhauses von Sachsen.

Ihr Namen ist also unbekannt, und ich wage es so wenig, dieselbe mit Kleinsorgen

---

o) *Lamb. Schaffnab.* ad a. 1071 beim *Pistorius* T. I. p. 343.

Hedwig, als mit Hammelmann Gertrud
zu nennen, weil beide dieses ohne alle Autho‑
rität dahingeschrieben, und als neuere Schrift‑
steller in dieser Sache keinen Glauben verdienen.

§. 8.

**Konrads Söhne: Heinrich von Ardeya oder
Aren, Friedrich der Streitbare, Gotfried
von Kuick, und Hermann von Rudenberg.**

So wenig die bishieher vorgetragenen ge‑
nealogischen Wahrheiten bestritten werden kön‑
nen; so sehr bemühet man sich von Seiten der
neueren Schriftsteller von hier an verschiedene
Irrthümer einzumischen, und die Sache dunkel
und verworren zu machen. In einem Punkte
kommen zwar alle überein, nämlich darin,
daß Heinrich von Ardeya und Graf Frie‑
drich von Arnsberg, den die Geschichte seiner
unruhigen kriegerischen Lebensart wegen den
Streitbaren beigenannt hat, Brüder, und
Söhne des Grafen Konrads und der Tochter
des Herzogs Otto von Nordheim waren p), wie

---

p) Man sehe auch noch eine andere Urkunde
vom Jahr 1074 bei *Gelenius* in accetu. ad
vitam S. Engelberti Seite 296 und folg. wo

es auch die Anlage unter Ziffer I sicher stellen kann; allein den Gotfried von Kuick, und den Grafen Hermann von Rudenberg will man durchaus nicht als Brüder derselben anerkennen. Eine Stelle beim Albert von Stabe q) veranlaßt diese Verwirrung, sie ist folgende:

Habuit etiam (Otto Nordheimensis nempe) quatuor filias, quarum una mater fuit Conradi de Wittin marchionis, *secunda mater Friderici comitis de Arnesberg, cujus unam filiam duxit Godofredus de Cuck, pater comitum Henrici & Friderici de Arnesberg*, tertiam duxit Otto de Cappenberg &c.

Man kann es nämlich nicht zusammenreimen, wie Gotfried von Kuck eine Tochter des Grafen Friedrichs von Arnsberg habe heirathen können, wenn er ein Bruder desselben, mithin Oheim über seine angebliche Gemahlinn gewe-

---

es ausdrücklich heißt: *Fridericus* comes de Arnesberg, & *Henricus* frater ejus. Man vergleiche auch noch hiermit Kleinsorgen l. c. ad annum 1070.

q) Ad annum 1105 Seite 48, man sehe auch *Pfeffinger* ad Vitriarium vol. II. pag. 428.

sen wäre. Man erdachte deshalb einen neuen genealogischen Irrthum, um die Authorität des Alberts von Stade zu retten; man ließ mit Friedrich den arnsbergischen Mannsstamm aussterben, und schrieb ihm nur zwo Töchter zu, wovon man eine dem Grafen Gotfried von Kuck zur Ehe gab. Da nun Gotfried sich in den meisten Urkunden Graf von Arnsberg nennt; so wurde, um dieses zu erklären, ferner hinzugesetzt: er habe mit seiner Gemahlinn die Grafschaft Arnsberg nach dem Ableben Friedrichs angeerbt, und daher diesen Namen angenommen r).

§. 9.
Wird fortgesetzt.

Indessen verdient die angeführte Stelle des Alberts von Stade durchaus keinen Glauben, da sie mehrere Unrichtigkeiten enthält, die durch die Authorität andrer und glaubwürdiger

---

r) Dieser Meinung ist auch der gelehrte Herr Rindlinger in seinen münsterischen Beiträgen ꝛc. sowohl, als auch nachher in einer desfalls mit mir gepflogenen Korrespondenz. Indessen konnte ich mich bei den weiter unten vorkommenden Umständen von seiner Meinung nicht überzeugen.

rer Geschichtschreiber bloßgestellt sind. So giebt er unter andern vier Töchter des Herzogs Otto von Nordheim in eben dieser Stelle an, wo doch der sächsische Analist und der Chronograph, die ungleich mehr Glauben verdienen, nur dreye nennen. Ja, was noch das ärgste ist, nach seiner obigen Behauptung soll eine Tochter Friedrichs an den Grafen Otto von Kappenberg vermählt gewesen, und Eilicke, die angebliche Gemahlinn Eilmars, und Mutter des Grafen Heinrich und Christian von Abelburg eine Frucht dieser Ehe seyn s); da es doch aus dem Leben des heiligen Gotfrieds von Kappenberg t) sicher ist, daß Beatrix, die Mutter Gotfrieds, sich zum zweitenmale mit Heinrich Grafen von Arnsberg und Rietbeck verehliget hat, und aus dieser Ehe die vorbenannte Eilicke entsprossen ist. Eine fer-

nere

---

s) Er schreibt nämlich am oben angeführten Orte: Secundum duxit Otte de Cappenberch, cujus filia Eilicke uxor Eilmari mater fuit Henrici & Christiani comitum de Adelborch, & præpositi Ottonis Bremensis &c.

t) Bei den Bolandisten Tom. I. ad Diem XIII. Jan.

nere Unrichtigkeit in eben dieser Stelle u) bemerkt noch Lamey w), und nun frage ich jeden Geschichtsforscher, ob eine solche beinahe in jedem einzelnen Satze als falsch erwiesene Stelle noch einigen Glauben in einer andern Sache verdienen könne, ob man gleich nicht im Stande ist, ihre Unrichtigkeit, was diesen Punkt betrifft, diplomatisch aufzudecken?

§. 10.

Doch um ganz volles Maaß zu geben, will ich auch diesen Satz obiger Stelle als unrichtig darstellen. Albert sagt l. c.

Cujus unam filiam duxit Godofredus de Cuck, Pater comitum Henrici & Friderici de Arnesberg &c.

Es sollen, nach seiner Erzählung, ferner diese beiden Grafen eben dieselbigen seyn, wovon einer, Heinrich nämlich, vom Kaiser Heinrich V.

---

u) Es heißt nämlich loco cit.
tertia uxor fuit Hermanni de Calverla, quæ genuit Ottonem & Henricum comites de Ravensberg,
welches, so wie die vorige Stelle, grundfalsch ist.

w) Diplomat. Geschichte der Grafen v. Ravensb. Seite 8.

den Römern als Geißel hinterlassen, der andere aber es mit Herzog Lothar von Sachsen gehalten, und gegen Heinrich V. gefochten haben x). Allein des Umstandes nicht einmal zu gedenken, daß keine einzige Urkunde von einem andern Friedrich, als jenem mit dem Beinamen der Streitbare Meldung thut; wie war es möglich, daß Graf Heinrich schon im Jahr 1111 mit dem Kaiser als Soldat nach Rom reisen, und den Römern zur Geißel gegeben werden konnte, wenn er ein Sohn des Grafen Gotfrieds war? Konrad von Arnsberg verehelichte sich mit der Tochter Herzogs Otto von Nordheim, nach dem Zeugniß aller Schriftsteller, im Jahr 1070; wir müssen mithin wenigstens vom J. 1070 einen Zeitraum von 24 Jahren annehmen, ehe und bevor der aus dieser Ehe erzeugte Sohn Friedrich heirathen konnte. Wenn es also sehr geschwinde gieng, so vermählte er sich im Jahr 1094, und es wurden abermals wenigstens 16 Jahre erfordert, bis nach der Meinung Alberts von Stade, Graf Gotfried die Toch-

---

x) *Meibom* Script. rer. Germ. Tom. I. in not. p. 363.

ter Friedrichs ehelign- kontte. Gesetzt nun, dieß wäre auch im Jahr 1110 wirklich geschehen, so konnten ja doch die aus dieser Ehe vermeintlich erzielten Kinder Heinrich und Friedrich vor dem Jahr 1128 nicht mit zu Felde ziehen. Das Reich Heinrichs V. nahm aber bekanntlich 1125 bereits ein Ende, und wie war es nun möglich, daß einer dieser Brüder von ihm als Geißel hingegeben, ein andrer aber für ihn gefochten haben konnte?

§. II.
Wird fortgesetzt.

Nachdem nun die Authorität des Alberts von Stade bei Seite geschafft ist, wird der Beweis, daß Gottfried von Kuck und Hermann von Rudenberg wirklich Gebrüder und Söhne des Grafen Konrads von Arnsberg gewesen sind, um so leichter seyn, als es in der Folge wird gezeigt werden, daß der gräflich arnsbergische Mannsstamm keinesweges ausgestorben; sondern vielmehr durch den Grafen Konrad II, einem Sohne Friedrichs bis auf Gotfried IV. und letzten Grafen von Arnsberg fortgepflanzt seye.

§. 12.
Graf Gotfried von Ruck, und Hermann von Rudenberg waren Gebrüder.

Mehrere Originalurkunden beweisen es zur Gnüge, daß Graf Gotfried von Arnsberg und Ruck, und Hermann von Rudenberg Gebrüdere waren, besonders sehe man desfalls die Beilagen *II* und *III*, wo ausdrücklich Godefredus comes de Arnesberg, & Hermannus frater ejus vorkommen. Eben dieses bestätigen Kleinsorgen y), Stangefoll z), Gellenius a) und andere b), die diesen genealogischen Satz aus Originalurkunden und ältern Schriftstellern geschöpft zu haben versichern. Auch der Umstand, daß diese beiden Brüder den Grafen Florenz v. Holland im J. 1136 bei Abenstette erschlagen haben, wird aus ihnen sicher gestellt c). Kaiser Lothar, (dessen Schwestersohn Graf Florenz war) zwang sie

---
y) In seiner Kirchengeschichte v. Westphalen Th. II. ad an 1136.
z) Anales circuli Westpfal. Lib. III. pag. 297.
a) In vita S. Engelberti pag. 248.
b) *Pfeffinger* ad Vitriar. l. c. pag. 394.
c) An den in den unmittelbar vorhergehenden Noten angeführten Stellen.

deshalb ihre Besitzungen in Westpfalen zu verlassen, nach Utrecht zu fliehen und sich dorten einige Zeit vor seiner Rache zu verbergen. Hermann kehrte einige Jahre nach dem Tode Kaiſ. Lothars in sein Land zurück, Gotfried aber blieb in der Gegend von Utrecht d); und kam sehr wahrscheinlich nie in sein Vaterland zurück.

§. 13.

Besondere Lebensumstände
A) des Grafen Gotfrieds.

Gotfried hatte also nun sein Vaterland verlassen, und sich im Bisthum Utrecht niedergelassen, wo er nach dem Zeugniß Herbrands v. Leiben e) Advocatus Eclesiæ Ultrajectensis ward. Er erhielt hier vom damaligen Bischof Andreas (der selbst ein Graf von Kuick, und wahrscheinlich der letzte seines Stammes war) die beträchtliche Grafschaft Kuck oder

---

d) Man verbinde hiermit die Noten zum Kleinsorgen, P. II. pag. 30, den sächsischen Analisten zum Jahr 1133 u. 1136 und *Heda & Beka* in Hist. Ultraject.

e) Bei Martenne und Durand pag. 118 in der Note.

Kuick zu Lehne, die, wenn man einer Urkunde vom J. 1023 beim Heba f) trauen will, gewiß kein unbeträchtliches Acquisit war. Bischof Abelbold sagt darin:

„item, Dominus de Cuicke est liber feudalis
„Eclesiæ, & tenet in feudum multas terras,
„insulas & decimas cum casis, domibus, sil-
„vis, campis, pratis, pascuis, aquis, aqua-
„rum decursibus, & Justitia in multis locis
„Diœcesis Trajectensis.

Sie liegt übrigens im holländischen Brabant zwischen der Maaß und dem Peeler Morast, und macht nunmehro einen Theil der Meyerei von Herzogenbusch aus. Der heutige Marktflecken Kuyck war vordem der beträchtlichste Ort darin; ob ihm gleich nunmehro die Stadt und Festung Grawe den Rang streitig macht g).

Seit dieser Zeit schreibt sich Graf Gotfried selten mehr Comes de Arnsberg, sondern öfters bloß Comes de Cuick, am häufigsten aber Comes

---

f) In Histor. Ultrajectensi pag. 13.
g) Nebst dem gehören noch etwan 16 bis 17 Dörfer dazu.

de Arnsberg & Cuick h). Die Graffschaft selbst blieb indessen nicht sehr lange in den Händen seiner Nachkommenschaft. Heinrich Graf v. Kuck, der in einer Urkunde vom J. 1191 bei Hertius i), vom J. 1198 bei Schaten k), und in einer andern bei Meibom l) vorkommt, scheint den Beschluß der männlichen Deszendenz dieser Familie gemacht zu haben; wenigstens kommt von hier an kein Comes de Cuick mehr zum Vorschein, ob es gleich ein abliches Geschlecht dieses Namens noch nachher mag gegeben haben m), welches aber von unsern Grafen schwerlich abstammen konnte.

Die Lehne kamen nach dem Ausgang der Arnsberg-Kuckischen Familie an die Herzoge von Geldern, die Allodien aber eigneten sich der

---

h) Man sehe die oben angeführte Urkunde bei Rindlinger.
i) Disp. de feudis oblatis in opusc. Tom. I. §. 10.
k) Anal. Paderborn. Tom. I. pag. 917 seq.
l) In Apologia Ottonis IV. imper. Script. rer. Germ. Tom. III. p. 120. *Lehman* Chron. Spirense Lib. V. Cap. 74.
m) Diese haben eigentlich Rucken geheissen, und in der Graffschaft Mark im Amt Schwerte ihren Sitz gehabt. M. sehe v Steinen westpfäl. Geschichte 6. Stück, Seite 1652.

Vater des Grafen Konrad von Rietberg zu. Die gräflich Arnsbergische Linie lehnte sich dagegen als näher Agnaten auf, und die Sache wurde endlich im J. 1237 (siehe die Anlage *IV*) durch einen besondern Vergleich beigelegt.

§. 14.

B) des Grafen Hermanns.

Sobald Hermann in sein Vaterland zurück kam (oben §. 14), bauete er sich eine Burg dem arnsbergischen Stammhause gegenüber. Der Berg, worauf sie angelegt wurde, hieß Rodens oder Rudenberg, und noch heute sind sowohl die Trümmern dieses Kastells sichtbar, als auch der Berg selbst seinen ehemaligen Namen noch nicht verloren hat. Nach der Sitte damaliger Zeiten nahm er nunmehro den Namen dieses Schlosses an. Wir finden keine einzige Urkunde, worin er sich von dieser Zeit an als Graf von Arnsberg unterschrieben hätte, sondern es heißt immer Hermannus Comes de Rudenberg; auf gleiche Weise als sich z. B. die Grafen von Scheieren nachher v. Wittelsbach, die Grafen von Lauenburg nachher von Nassau, und die Herren von Balrenstett nachher Herren von Anhalt geschrieben haben.

Indessen ist dieser Hermann mit seinem Vetter dem Grafen Hermann von Ruck (einem Sohne Gotfrieds oben §. 13) nicht zu verwechseln; der gleichfalls öfters in Urkunden des XII. Jahrhunderts vorzukommen pflegt.

Daß Hermann übrigens wirklich ein Graf von Arnsberg war, beweisen zum Theil schon die obigen Sätze, und alle Geschichtsschreiber damaliger Zeiten. Da indessen der Beweis dieses Umstandes in der Folge dieser genealogischen Geschichte äusserst wichtig wird; so will ich einige Stellen besagter Schriftsteller im Auszuge hier anführen, welche diese genealogische Wahrheit über jeden Zweifel erheben werden. Kleinsorgen hat ihrer bereits mehrere angeführt n), ausser diesen aber, als wohin ich verweise, schreibt noch:

1. die Chronik der Oebrölschen Bischöfe:
   „Lotharius Dux Saxoniæ, vir strenuus &
   „*Hermannus Comes de Arensberg* cum vir-

---

n) Kirchengeschichte v. Westfalen ꝛc. Th. I. zum J. 1115.

„ tute totius Saxoniæ inito duriſſimo conflic-
„ tu in loco, qui dicitur Welpesholt &c. o).

II. die Reim-Chronik der Herzoge von Braunschweig:

„ Unde der Forſten uth Saſſenlandt,
„ de hertog Luder is genandt,
„ Unde van Arnsborg grewe Herman
„ de wolden den Kaiſer dar beſtahn p).

III. Chron. vet. ducum Brunsvicenſium:

„ Luderus Dux Saxoniæ & comes *Hermannus*
„ *de Arnesborch* in Welpesholte cum militia
„ concurrentes &c. q)

womit noch das Chron. Engelh. r), das Chron. Both. pictur s), Gellenius t), vorzüglich aber Schaten u) zu vergleichen ſind.

§. 15.
Wird fortgeſetzt.

Hermann beſaß beträchtliche Erbgüter, die

---

o) Bei *Leibnitz* Script. rer. Brunsvic. Tom. II. p 262.
p) Ibidem Tom. III. pag. 40.
q) Ibidem Tom. II. pag. 15.
r) Ibidem Tom. III. pag. 270.
s) Ibid. Tom. III. pag. 262.
t) In vita S. Engelb. L. III. pag. 248.
u) Anal. Pad. P. I. p. 62. ad an. 1115.

vorher einen Theil der Grafschaft Arnsberg ausgemacht hatten. Hieraus entstand die Grafschaft Rudenberg, die bis ins Jahr 1315 ihren Namen, nicht aber alle ihre Zubehörungen beibehalten hatte. Ich lege davon eine von mir verfertigte genaue Karte bei, die aber mehr auf ihre ursprünglichen als nachherigen Gränzen Rücksicht nimmt.

Im Jahr 1315 scheint die Familie, die den Namen von Rudenberg fortgeführt hat, ausgestorben zu seyn; dann in eben diesem Jahre theilten sich Graf Heinrich v. Waldeck und Wilhelm von Arnsberg in den Ueberbleibseln der Grafschaft Rudenberg, wie es die Anlage V. umständlicher ausweisen kann.

Die übrigen Schicksale des Astes dieser Familie, welcher den rudenbergischen Namen fortgeführt, gehören nicht hieher. Ich merke daher nur so viel an: daß sich derselbe in spätern Zeiten in Stadt Rüden aufgehalten, und in den unruhigen Zeiten des Mittelalters viele Drangsale, besonders in Betreff ihrer Erbgüter erlitten hat. Uebrigens werde ich im II. Abschnitt den hier abgebrochenen Faden wieder aufnehmen, und die fernere Genealogie eines andern Hauptastes der rudenbergischen Deszendenz umständlicher zeigen.

§. 16.

C) **Heinrichs von Ardeya.**

Von dem 3ten Bruder Gotfrieds und Hermanns, dem Grafen H e i n r i ch von A r d e y a oder auch A r e n nämlich weis man nicht viel mehr, als daß er gelebt hat. Er war wahrscheinlich der älteste Sohn Konrads, weshalb ich ihn auch auf der voranstehenden genealogischen Tabelle zuerst gesetzt habe. Seine Güter lagen zwischen Unna und Menden an der Ruhr w), wo seine Deszendenz noch lange ansäßig war. Seine Familie stiftete S ch e b a x) und F r e u n d e n b e r g y), und ihr Andenken wurde für diese frommen Stiftungen in folgender Grabschrift erhalten:

---

w) *Hammelman* de famli. emort. voce Aren pag. 664. C. Ulr. *Grupen* Orig. Germ. Tom. III. orig. Lipp. pag. 190.

x) V. Steinen westpf. Geschichte, 12. Stück, Seite 39.

y) Ibidem 2. Stück Seite 644 und im 12. Stück Seite 12.

Nobilis Ardeya ſtirps in tumba jacet iſta
Quæ templo Chriſti bona plurima contulit iſti
Hic permagnorum requiescunt oſſa virorum
Nobilitas morum decoravit & hos genitorum.
Natus ab Ardeya, probat iſtud *Mons aquilea* z)
Nobilitate ſua, ſimul & Saxonia tota
Agminibus magnis decimas tollens Alemannis
Adea Weſtfaliæ quondam rutiabat ubique
Hic jacet in cinerem proſtratus ſexus uterque,

§. 17.

D) Friedrichs des Streitbaren.

Friedrich, den wir bereits oben (§. 8) kennen gelernt haben, war einer der unruhigſten Köpfe ſeiner Zeit, beſonders aber ein unverſöhnlicher Feind der Mönche und Nonnen. Wo er dieſen etwas abzwacken, oder ſie ſonſt necken konnte, unterließ ers gewiß nicht, und es iſt daher nicht zu bewundern, wenn er in den Mönchschroniken des Mittelalters in einem ſo ſchwarzen Lichte erſcheint. Vorzüglich herbe haben ihn die Lebensbeſchreiber des heil. Gotfrieds von Kappenberg mitgenommen, weil er

---

z) Arend heißt auf Niederdeutſch ein Adler, woher der Name Arnsberg entſtanden iſt.

sich der Schankung desselben zu Gunsten der Mönche in Kappenberg thätig widersetzte. Sieht man aber der Sache auf den Grund; so hatte er hierin wahrlich nicht unrecht. Graf Otto war selbst, nach Zeugniß seiner Lebensbeschreiber, ganz in den Händen der Mönche, besonders eines gewissen Wiemanns, der ihn durch Visionen aller Art zur Stiftung der von ihm angelegten drei Klöster zu bewegen suchte. Endlich trieben sie ihr Spiel so weit mit ihm, daß er (ob er gleich noch verheirathet war a) selbst Mönch werden wollte, und seine Frau bereden ließ, gleichfalls den Schleier zu nehmen. Graf Friedrich widersetzte sich dieser freiwilligen Ehescheidung, weil noch Erben erfolgen könnten; oder man sollte ihm den beträchtlichen Brautschatz herausgeben, den er seiner Tochter mitgegeben hatte. Da sagt nun freilich die Chronik b):

„Fridericus comes profanus, avaritiae facibus
„accensus, infremuit fallacia comenta exqui-

---

a) Friedrich der Streitbare war sein Schwiegervater, indem er ihm seine Tochter Jutta zur Ehe gegeben hatte.
b) Bei den Bollandisten Tom. I. pag. 858.

„fivit, dicens: filiam fuam arte circumven-
„tam, haereditatis quoque debitae portionem
„fraudulenta illi feductione fublatam, qua oc-
„cafione diverfis virum fanctum affecit inju-
„riis, multisque vexavit contumeliis "
und nennt ihn gar noch filium Diaboli, qui tantae fanctitatis bonum impedire nitatur c). Allein diese Chronikenschreiber sind zu verdächtige Zeugen, als daß man ihnen alles aufs Wort glauben sollte.

Daß er übrigens sehr kriegerisch dachte, und den Beinamen der Streitbare allerdings verdiene, ist nicht zu läugnen. Allein alles dieses gehörte zu der Mode seines Jahrhunderts, und paßte ganz zu der damaligen Stufe der Kultur. Er starb endlich d) zur allgemeinen Freude der Mönche und seiner Nachbarn, die ihn fürchteten; doch nicht unbeweint von seinen Unterthanen, deren Eigenthum und Rechte er jederzeit gegen jeden Anfall auswärtiger Feinde schützte.

---

c) Ibidem ad Diem XIII. Januarii pag. 873.
d) Das eigentliche Sterbejahr ist ungewiß. Einige setzen es offenbar zu früh ins J. 1124, andere wohl zu spät ins Jahr 1168.

Zweiter Abschnitt.

Von Konrad Grafen von Rudenberg bis auf Heinrich von Westpfal.

(Ein Zeitraum von 224 Jahren.)

§. 18.

Des Grafen Hermann von Rudenberg Sohn Konrad, und dessen Gemahlinn Gisela von Stromberg.

Daß Graf Hermann von Arnsberg, oder wie er sich nachher schrieb von Rudenberg, einen Sohn hinterlassen, ist oben bereits bemerkt. Dieser Sohn hieße Konrad, und hatte wahrscheinlich noch Brüder, die aber dem Namen nach unbekannt sind.

Kleinsorgen f) und Gelenius g) irren ganz offenbar: wenn sie mit Uebergehung des Grafen Konrads von Rudenberg, der dann doch zuverläßig, wie wir gleich sehen werden, gelebt hat; gleich einem Hermann von Rudenberg auftreten lassen, der ein Sohn des Grafen Heinrichs

---

e) Kirchengeschichte von Westpfalen ad an. 1165.
f) In vita S, Engelberti, pag. 250.

richs III. von Arnsberg gewesen seyn soll. Auſ-
ſerdem, daß die Zeitrechnung auf keine Weiſe
zutreffen kann, wird eine unten anzuführende
Urkunde, den Ungrund dieſer genealogiſchen
Muthmaßung klar vor Augen ſtellen. Ueber-
dieß iſt es auch aus einer Urkunde beim Schaten vom J. 1186 ſichtbar genug, daß dieſe
Behauptung falſch iſt, worin nämlich Graf
Heinrich von Arnsberg nebſt ſeinen Söhnen,
und erſt hernach, nachdem mehrere andere Zeugen dazwiſchen aufgeführt ſind, Graf Hermann
von Rudenberg genannt wird g).

§. 19.
Wird fortgeſetzt.

Graf Konrad kommt auſſer der unten anzuführenden wichtigen Urkunde vom Jahr 1199,
die ſein Enkel Johann Weſtpfal ausgeferti-
get hat, noch häufig in Urkunden von 1116,
1125, unter andern auch in dem Stiftungs-

---

g) Es heißt nämlich: *Henricus Comes de
Arensberge, Cœnobii illius advocatus ejus-
que filii Henricus & Godefredus. Arnoldus
Com. de Altena*, & Henricus dictus niger,
Hermannus de Rudenberg &c.

D

briefe des Klosters Bredelar vom Jahr 1170 h), und einer Urkunde vom J. 1173 bei Kleinsorgen i) vor.

Seine Gemahlinn war eine Erbgräfinn von Stromberg, Gisela genannt, die nach ihres Bruders Gotfrieds Tode Erbinn der beträchtlichen Burggrafschaft Stromberg ward. Durch sie kam diese Burggrafschaft auf den Grafen Konrad und seine Deszendenz, wobei sie einige hundert Jahre bis auf den Burggrafen Johann in grader absteigender Linie blieb.

§. 20.
Konrads Söhne: Hermann von Rudenberg und Heinrich.

Graf Konrad, der wahrscheinlich im Jahr 1175 starb, ließ zween Söhne: Hermann und Heinrich zurück. Ohne hier andere Beweise anzuführen, bewährt es Kleinsorgen aus einem Originaldokumente von 1177 k), worin Bischof Hermann von Münster den beiden Söhnen des Grafen Konrads Hermann und Heinrich

---

h) Bei *Schaten* Anal. Paderborn. ad h. annum.
i) Kirchengeschichte von Westpfalen und angränzenden Oertern, II. Th. Seite 68.
k) Am angef. Orte ad hunc annum.

namentlich, die Burggrafschaft Stromberg, quam — so lauten die Formalien — nobilis cujusdam viduæ *Gislæ* nobilis filius Godofredus tenuit, & quæ post obitum ejus in sororis suæ *Gislæ* filios *Hermannum* & *Henricum* translata est, auf ewige Zeiten zugesichert.

Ausserdem kommt Burggraf Hermann (von Heinrich ist hernach die Rede) in vielen Urkunden vor. Unter andern im Jahr 1194 bei Schaten l), und im J. 1221 bei ebendemselben ꝛc. m), wo er mit seinem Sohne Konrad zugleich aufgeführt wird.

§. 21. *Fernere Genealogie der Burggrafen von Stromberg.*

Die fernere Genealogie dieses Geschlechts gehört zwar eigentlich hieher nicht, da ich sie indessen auf der größern Tabelle nicht wohl anbringen konnte, lege ich sie in folgender Tabelle bei, die übrigens ihre völlige Richtigkeit hat. Ich werde ein andermal auch diese diplomatisch sicher zu stellen, und stückweise zu beweisen suchen.

---

m) Loco citato pag. 988. ad an. 1221.
l) Anal. Paderborn. P. I. pag. 900 und 901.

Hermann I.
lebte bis 1235.

| Konrad lebte bis 1253, war 2mal vermählt. | Wernher, Domprobst zu Minden. | Adelheid, Abtissinn zu Herzebrock. |

| Heinrich I. war verm. mit Rikeze, die 1297 Wittwe war. | Konrad lebte 1311, 1273. | Gotfried 295, 1330. | Johann, Domh. zu Minden. |

| Hermann. | Heinrich II. | Ludolf. |

| Ludolf. 1317. | Hermann II. 1338. |

| Heinrich III. 1347. | Rickese. | Kristine. | Adelheid. | Jutta. |

| Hermann. | Johann, letzter Burggraf. | Theodorich. |

§. 22.

Wird fortgesetzt.

Wir haben bereits bemerkt, daß Graf Konrad von Rudenberg, ausser dem Burggrafen Hermann, noch einen Sohn Namens

Heinrich hinterlassen hat, und die obenangeführte Urkunde (§. 20, Note h.) setzt diesen Umstand ausser Zweifel.

Dieser Heinrich, ob er schon einen Zunamen, und welchen er geführt habe? ist ungewiß, wurde Stammvater der nunmehro gräflichen Familie von Westpfal in Fürstenberg. Eine Thatsache, die durch die Anlage *VI* über jeden Zweifel erhoben wird. Diese Urkunde fertigte sein Sohn Johann im J. 1199 aus; sie nennt ihn nicht nur als Vater; sondern sie giebt auch sogar den Großvater Konrad v. Rubenberg an, und stellt auf diese Weise die hier vorgetragenen genealogischen Wahrheiten sicher. Es heißt darin:

Johannes miles condictus Westfael., Henricus & Hermannus filii ejus legitimi — — villicationis curtis in Hundemen proprietatem, quam *avus quondam dilectissimus Chunradus de Ruthenberge* pro XX duob — — — ndam comparavit Sacello in pedicto loco noviter exstructo & Rectori ejusdem Siefrido. clerico Coloniensi ultro ac libere offerentes perpetuo ac legitima — — — — rimus, volentes, ut Siefridus predictus ejusque Succeſſores pro refrigerio animarum *Parentum ſcilicet Henrici & Chunradi prediſti* ac cetterorum Con — — — — thenberge bis in hebdommada Deo Sacrificium offerant, & hanc curtem quiete poſſideant &c.

§. 23.

Heinrichs Sohn: Johann Weſtpfal.

Die im vorigen §. angeführte Original-Urkunde, beweiſt die Exiſtenz Johanns, und ſeine Abſtammung zur Gnüge. Johann, vielleicht auch ſchon ſein Vater, nahm den urſprünglichen Namen ſeiner Voraͤltern, der Grafen von Arnsberg, wieder an, und nannte ſich von Weſtpfalon oder von Weſtpfal. Was hierzu die Veranlaßung gegeben, iſt voͤllig unbekannt; ſo viel iſt indeſſen ſicher, daß er das rudenbergiſche Wapen mit einer geringen Veraͤnderung beibehielt, wie es der folgende §. ausweiſen wird.

§. 24.

Wapen der Grafen von Rudenberg mit dem Wapen der Grafen von Weſtpfal verglichen.

Die Grafen von Arnsberg führten — ſo weit man ſicher hinaufgehen kann — einen

Adler im Schilde, der auch bei dem Stamme dieses Namens mit demselben bis auf Gotfried IV. und letzten Grafen beibehalten wurde. Im Jahr 1368 gieng er nach geschehenem Verkaufe in das kuhrköllnische Wapen über, worin er sich bis auf den heutigen Tag befindet.

Graf Konrad von Arnsberg hatte, wie wir oben (§. 8 voran) gehört haben, vier Söhne, wovon dreie (Friedrich den Streitbaren ausgenommen) andere Namen und Wapen annahmen. Die Wapen der übrigen interessiren uns hier nicht, jenes des Hermanns von Rudenberg aber, befindet sich auf der Kupferplate Num. 2. Es ist ein fünfzackiger Tournierkragen n), in einem deutschen auf die Ecke gerichteten Schilde, worauf ein geschlossener Helm steht.

Vergleicht man dieses Wapen mit jenem auf der Kupferplate Num. 3, womit Johann Westpfal die oben angeführte Urkunde siegelte; so sieht man leicht, daß es dasselbe Wapen ist, und der einzige Unterschied bloß darin be-

---

n) Einige glaubten, es solle eine Brücke mit 5 Pfeilen vorstellen, aber irrig.

steht, daß Johann, vielleicht auch schon sein Vater, unter diesen Tournier-fragen noch einen einfachen Strich zusetzte, der in dem nunmehrigen Wapen (auf der Kupfertafel Num. 1) ein rother Balken geworden ist.

Die nachherige adeliche Familie von Rubenberg (§. 15 voran) führte das Wapen Num. 4, wo der Tournierkragen nur 4 Zacken hat, und der Querstrich darunter nicht befindlich ist.

§. 25.

Johann Westpfals Söhne: Heinrich und Hermann.

Johann Westpfal kommt indessen ausser der Urkunde N. VI noch verschiedentlich vor. Unter andern in der Anlage VII vom J. 1185 und anderwärts o). Seine beiden Söhne Heinrich und Hermann werden mit ihm zugleich in der oft angeführten Urkunde vom J. 1199 genannt; und dadurch ausser Zweifel gestellt. Indessen findet sich Heinrich noch öfterer in Urkunden des XII. Jahrhunderts; un-

---

o) M. f. Scheid in cod. Diplom. zu Mosers braunschweig-lüneburgischen Staatsrecht, Seite 612, und ebendesselben Nachrichten vom Adel, S. 443.

ter andern im Jahr 1170, wo ein gewisser de Achowe ministerialis comitis de Sulzbach der Probstei Herrenwerth einige Güter übergab q), und ein andermal bei Schaten q), der aber offenbar irrig diese Urkunde ins J. 1229 setzt.

§. 26.
Wird fortgesetzt.

Heinrich lebte im Hessischen und heirathete daselbst ein Fräulein von Eckerstein (eigentlich Eckstein), womit er mehrere Kinder erzielte. Er erhielt mit ihr zugleich beträchtliche Güter in der Gegend von Rintelen, die zum Theil noch in den Händen der westpfälischen Familie sind.

Von Hermann hört man weiter nichts mehr, es wird daher wahrscheinlich, daß er früh und zwar ohne Deszendenz gestorben ist.

---

p) Monumenta Boica vol. II. pag. 316.
q) Anal. Paderb. Tom. II. pag. 7. Im Original ist das J. 1209 deutlich genug geschrieben, Schaten hat daher, wie fast immer eine fehlerhafte Abschrift vor sich gehabt.

§. 27.

Heinrich von Westpfals Söhne: Wetzel oder Wetzelin und Andreas.

Zwei Söhne aus der Ehe Heinrichs sind nur bekannt, Wetzel nämlich und Andreas. Von den übrigen findet man nur Spuren, und wahrscheinlich gehört auch der beim Scheid r) vorkommende Bernhard von Westpfal hieher, der in der Gegend von Lübeck lebte, und dort Deszendenz hinterließ.

Wetzel, der älteste dieser Söhne, blieb in unsern Gegenden, und wohnte wahrscheinlich in der Gegend von Arnsberg. Er kommt mehrmals in Urkunden, unter andern in den Jahren 1265, 1267 und 1270 beim angeführten Scheid s) und anderwärts t) vor.

Andreas Westpfal war Land- und Herrenmeister in Liefland, hatte aber das Unglück,

---

r) Nachrichten vom Adel, S. 158.
s) Am angef. Orte S. 90 in der Note und S. 529, auch in seinem Cod. diplom. zu Mosers braunschweig. Staatsrecht, S. 674.
t) Man sehe unter andern *Grupen* antiq. Hannover. pag. 133.

im Jahr 1274 in Litthauen erschlagen zu werden u).

§. 28.
Wetzels Söhne: Johann, Lübbert, Ludolf, Henning und Arnold von Westpfal.

Wetzels Gemahlinn ist unbekannt, indessen hinterließ er fünf Söhne, die in der Anlage VIII zusammen genannt sind. Diese Urkunde hat Grupen w) bereits abgedruckt, aber sehr fehlerhaft, wie es die Vergleichung mit diesem getreuen Abdrucke nach dem Original von selbst ergeben wird. In einer andern Urkunde vom J. 1306 wird nur noch Johann, Lübbert und Henning genannt, welches die Vermuthung begründet: daß die übrigen beiden Johann und Arnold um diese Zeit bereits gestorben waren. Johann kommt ausserdem durchaus nicht mehr vor, Lübbert aber noch bis ins Jahr 1318, wie es aus Schaten x), und den Anlagen IX von 1309, X und XI, beide von

---

u) *Schurzfleisch* Hist. Ensiferor. ord. teuton. Liv. S. 28. Kurzer Entwurf von geist- und weltlichen Ritterorden, S. 88 u. folg.
w) Antiquit. Hanov. pag. 197.
x) Anal. Paderborn. P. II. pag. 209 ad an. 1307.

1318, sichtbar wird. Er war Truchseß des Bischofs von Paderborn und verheirathet, wie es aus der obigen Anlage IX erhellet. Er hinterließ indessen keine Deszendenz, und seine Ehe war daher wahrscheinlich unfruchtbar. Henning allein hinterließ zween Söhne, und starb 1230.

§. 29.
Hennings Söhne: Lübbert und Ludolf.

In einer der unten angeführten Anlage erscheint Lübbert Westpfal, Hennings Sohn, ausdrücklich, wodurch seine Abstammung sicher gestellt wird. Ludolf kommt nur einmal im Jahr 1382 vor, wo er gleichfalls Hennings Sohn genannt wird, und scheint ohnverheirathet, wenigstens ohne Nachkommenschaft gestorben zu seyn.

Lübbert wird indessen desto öfterer genannt, unter andern in den Anlagen XII, XIII und XIV vom J. 1332, ferner: XV von 1333, XVI von 1334, und zuletzt XVII von 1342.

Sein Sterbejahr ist ungewiß, auch sind von ihm keine besondere Lebensumstände bekannt. Er hinterließ sechs Söhne, wie es der folgende Abschnitt umständlicher zeigen wird.

Dritter Abschnitt.

Von Heinrich Westphal bis auf Johann und Wilhelm, Stammväter der Johannitischen und Wilhelminischen Linie.

§. 30.

Lübberts Söhne: Heinrich Westphal und dessen Brüder Friedrich, Lübbrecht, Johann, Ludolf und Reiner.

Lübbert, mit welchem wir den vorigen Abschnitt beschlossen haben, hinterließ sechs Söhne, unter welchen Heinrich der älteste war. Die übrigen hießen: Friedrich, Lübbrecht, Johann, Ludolf und Reiner. Heinrich, Friedrich, Johann, Lübbrecht und Ludolf kommen mit ihm zugleich in der obigen Anlage XVII vor. Die übrigen Brüder befinden sich, auſſer Friedrich und Reiner, auch in den folgenden Anlagen. Friedrich scheint früh gestorben zu seyn, und vom Reiner findet man auſſer der Anlage XVIII von 1334 kein Wort. Man sieht indeſſen aus eben dieser Anlage, daß er geistlich war, mithin auch ohne Deszendenz gestorben ist.

Heinrich, Lübbert, Johann und Ru=
dolf finden sich zusammen in den Anlagen
XIX, XX, XXI, XXII, XXIII und XXIV,
von den Jahren 1346, 48 und 54. Im Jahr
1358 erscheint indessen Heinrich nur mit sei=
nem Bruder Rudolf, (Anlage XXV) und
in den Jahren 1351 und 1365 (Anlagen XXVI
und XXVII) ganz allein, so wie auch Lüb=
bert in den Beilagen N. XXVIII u. XXIX al=
lein ohne seine Brüder vorkommt.

§. 31.
Wird fortgesetzt.

Heinrich blieb indessen unter seinen 5
Brüdern der einzige Stammvater, indem die
übrigen entweder gar keine Kinder, oder die=
selben sehr früh verloren hatten.

Seine Gemahlinn hieß Elisabeth, oder in
der Mundart damaliger Zeiten zu reden: Else=
ke von Horhusen. Die beigelegte Urkunde
XXX, worin ihm seine Schwiegermutter einen
Hof zu Kircheileren und den Blikeser Zehn=
ten vor Wünnenberg für 30 Mark löthigen Sil=
bers versetzt, stellt diesen Umstand sicher. Die=
ser Versatz wurde nachher (Anlage XXXI)

im Jahr 1351 in einen Kauf verwandelt; wo aber Elseke schon gestorben war. Heinrich folgte ihr zuerst 1383 in ein besseres Leben nach.

§. 32.

Heinrichs Söhne: Ruprecht, Friedrich, Lübbert, Johann und Heinrich.

Heinrich hinterließ aus der Ehe mit Elisabeth von Horhusen fünf Söhne, Ruprecht nämlich, Friedrich, Lübbert, Johann und Heinrich. Lübbert und Friedrich kommen mit ihrem Vater und Mutter schon in der obigen Urkunde von 1364 vor, wo es heißt: Ick henrich Westfal Ridder Elseke myn Ehliche Vrowe Lübbrecht un frederk unse Sone undt alle unse rechte Erven.

Von Friedrich findet man in der Folge durchaus keine Meldung mehr, er scheint also kurz hernach gestorben zu seyn; dann in einer 2 Jahr hernach ausgefertigten Urkunde von 1366 (Anlage XXXII) wird seiner schon nicht mehr gedacht, indem bloß Lübbert und Heinrich darin genannt sind. Diese beiden kommen auch in der Anlage XXXIII vom J. 1369, ferner in den Anlagen XXXIV und XXXV, vom J. 1380 und 1386 nebst ihem Bruder Johann allein vor.

Heinrich war Domkämmerer in Paderborn, er wurde sehr alt, dann Schaten y) führt ihn schon 1400 als Aeltesten des Kapitels auf, und dennoch starb er nach der unten anzuführenden Rotatur seines Vetters Wilhelm zuerst im Jahr 1421. Im Jahr 1406 befindet er sich noch nebst seinem Bruder Johann in der Anlage XXXVI.

§. 33.
Wird fortgesetzt.

Ruprecht befindet sich in keiner einzigen mir zu Gesichte gekommenen Urkunde, indessen nennt sein Vetter Wilhelm in seinem Tagebuche diesen seinen Oheim ausdrücklich, und zwar mit dem Umstande, daß er dem Bischof von Münster diene; weiter ist von ihm nichts bekannt.

Lübbert war zweimal verheirathet, seine erste Gemahlinn war Gisela von Heidelbeck.

---

y) Anal Paderborn. pag. 466.

beck. Mit ihr erhielt er das Gut Heidelbeck im Lippischen, welches noch bis auf diese Stunde in den Händen seiner Nachkommenschaft ist. Seine zwote Gemahlinn war eine Erbfräulein von Schuwen, womit er gleichfals beträchtliche Güter erhielt. Sein Bruder Heinrich, der sehr sparsam gelebt hatte, und als Domkämmerer viel erübrigen konnte, hinterließ ihm auch ein großes Vermögen, welches noch durch den so frühen Tod seiner Vettern, der Söhne Johanns, um ein Ansehnliches vermehrt wurde. Er war also ein Mann von sehr vielem Vermögen, und wurde deshalb des Reichs genannt, wie es das Tagebuch seines Sohnes Wilhelm z) in folgenden Worten bezeuget:

Im Jar als man schref M,CCCC,II starf myn Leve Vader her Lübbert, den men im gantzen Lande den riken Westfeling hetede, wiel he se viel erf undt gut hadde ꝛc.

---

z) Dieses Tagebuch befindet sich im v. Westphälischen Archive zu Fürstenberg.

E

§. 34.

Wird fortgesetzt.

Johann war gleichfals verheirathet, seine Gemahlinn hieß: Fredeninne von Melrike (sieh unten Anlage XLIV). Nebst den oben angeführten Urkunden kommt Johann noch mit seinem Bruder in den Anlagen XXXVII vom J. 1366, und XXXVIII vom J. 1379; allein aber in den Jahren 1395, 1405, 1420 und 1426 vor. (M. s. die Anlagen XXXIX bis XLII.)

Er hatte zwei Söhne, Heinrich und Lübbert, die beide in der Urkunde N. XLIII vorkommen, aber jung und ohne Deszendenz gestorben sind. Eine seiner Töchter war Nonne im Kloster Gokirchen, wie es die Anlage XLIV nachweiset. Er starb mithin ohne Erben und hinterließ sein Vermögen seinem Bruder Lübbert.

§. 35.

Lübberts Söhne: Johann, Lübbert, Heinrich und Wilhelm.

Lübbert war also nunmehro der einzige Stammvater der nachfolgenden so fruchtbaren Nachkommenschaft der Familie von Westphal. Er hinterließ 4 Söhne: Johann, nämlich Lübbert, Heinrich und Wilhelm.

Heinrich war Domherr zu Paderborn, und ist mehrmalen in den vorhergehenden Urkunden benannt. Lübbert war Probst im Busdorf binnen Paderborn und postulirter Domprobst zu Osnabrück. Er stand diese Domprobstei nachher wieder ab a), und suchte, jedoch mit unglücklichem Erfolge, daselbst Bischof zu werden.

Johann Westphal, der älteste dieser Söhne, verheirathete sich mit einer Wulf von Itter, und ward Stammvater der noch blühenden Johannitischen Linie.

---

a) Chron. Osnabrug. bei *Meibom* S. R. G. Tom. II. p. 252. *Hammelmann* Epit. chron. Osnab. Lib. II. pag. 360 seq. *Jo. Schiphower* chron. Oldenburg bei *Meibom* l. c. pag. 169.

Wilhelm verehlichte sich mit einer Fräulein von Quernheim, und ward Stammvater der gleichfals noch blühenden Wilhelminischen Linie. Von beiden wir in der zwoten Abtheilung ein mehreres hören.

(Wird fortgesetzt.)

Zu Seite 68.

Suamhildis.   Mathilde.

29.   Ludolf.

1,   Ludolf.   Reinert.
en.

Johann.   Heinrich.

Wilhelm, §. 35.
Gem. v. Quernheim.
Vater der Wihelminischen Linie.

II.

Kurt Spiegel zum Deesenberg.

Eine wahre Szene aus den Ritterzeiten des Mittelalters a).

Die Bischöfe von Paderborn waren von der letzten Hälfte des XIten Jahrhunderts her in Erwerbung der Regalien, oder der heutigen Landeshoheit mit Riesenschritten vorgerückt.

---

a) Diese wahre Geschichte erzählt uns der Helmwardeshusanus Monachus mit folgenden Worten. — — Interim plurimi milites & Vasalli bellum contra Dominum suum parabant. Vexilla seditioni prætulerunt Rheinhardus *de nova domo*, H. de *Ringelstein*, Rabanus condictus *Haxterhaus* & Alhardus de *Vollmeringhausen*. Foedus in oppido *Brakele* hoc anno initum a Septuaginta novem militibus sigillatum existit, inter quos etiam *C. Speegel* ministerialis & Vasallus Episcopo quondam amicissimus. Cum illo se autem res ita habebat. Cum nempe tantæ amicitiæ & tot beneficiorum memor partes Episcopi deserrere noliret; R. *de nova domo* filiam suam *Luciam* tum temporis singulari pulchritudine & forma conspicuam ultro offerens in matrimonium tra-

Durch das alte Sprichwort: unterm Krumstab ists gut wohnen, vielleicht geblendet, begünstigte fast alles diese Umwälzung der bisherigen Verfassung. Man glaubte viel zu gewinnen, wenn man dem entfernten und durch Anarchie geschwächten Reichsschutze entsagte, und Schutzhöriger des heiligen Kilians und Liborius wurde b). Dem Volke war es zwar lieber, von Gott und seinen lieben Heiligen mittelbar durch

---

didit. Exquisitissimis hujus puellæ blanditiis deceptus, seditiosorum partes statim secutus est. Sed justa Dei Vindicta paulo post graviter percutebatur. Rheinhardus nempe alio, *Thimoni* scilicet *Pattbergensi* filiam suam in matrimonium antea promiserat, qui Ludibrio expositus ita irascebatur, ut *Luciæ* insidias strueret, & illam quarta die in via ad castrum *Wartberge* per equites suos miserum in modum trucidari curaret, ad Judicium occultum, cujus Scabinus erat, postea Dringelbergam vocatus ita se defendebat, ut paulo post penitus absolveretur. *Speegelius* interim hisce commotus per amicabilem Compositionem bello finem imposuit &c.

b) Man sehe: Meine unpartheiische Revision der vom Bürgermeister Neukirchen herausgegebenen Druckschrift: Die Beschwerden des Bürgerstandes, wider die vermeintlichen Anmaßungen der beiden vorsitzenden Stände des Hochstifts Paderborn betreffend, im II. Abschn.

die Hand des Bischofs geleitet, und beherrscht zu werden, den freien Gutsbesitzern und Rittern aber wurde dadurch zu viel entzogen, als daß sie dabei ruhige Zuschauer abgeben konnten. Sie wollten sich nicht gerne einen Herrn aufdringen lassen, der sie in seinen Privatfehden nach Gefallen brauchen konnte. Sie schlossen häufig Schutz- und Trutzbündnisse wider die Bischöfe und widersetzten sich thätig ihren immer höher steigenden Anmaßungen. So entstand der den Tag vor Vitus in Brakel errichtete Bund, der von 79 Rittern unterzeichnet war. Die Häupter des Bundes waren: Rheinhard von Niehausen c), Henrich von Ringelstein, Raban von Haxthausen, und Alhard von Vollmeringhausen. Alles war zu einer Fehde vorbereitet, worin der Bischof wahr-

---

c) Ich übersetze den Rheinhardus de *nova Domo* (oben Note a) in Rheinhard von Niehausen, weil ich keinen andern adlichen Geschlechtsnamen fand, worauf er passen konnte. Indessen finde ich in dem Geschlechtsregister der nun ausgestorbenen Familie von Niehausen um diese Zeit keinen Rheinhard; wohl aber einen Degenhard. Also wahrscheinlich ein Schreibfehler.

scheinlich den Kürzern ziehen mußte; besonderst da man sich bemühete, auch entferntere und ausländische Ritter mit in das gemeinschaftliche Interesse zu ziehen.

(Die Szene ist in Brakel.)
Rheinhard von Niehausen, Henrich von Ringelstein, Raban von Haxthausen, Alhard von Vollmeringhausen, und einige andere Ritter.

R von Niehausen. Gott und seine lieben Heiligen segnen unsern Bund sichtbarlich; unsere Zahl hat sich auf einige dreißig vermehrt. In allem sind unsrer nun 78.

Rab. von Haxthausen. Ueberflüßig genung, uns mit den Dienstmannen des stolzen Bernhards zu messen. Könnten wir nun noch die Westpfälinge, die Brenken und Spiegels in unsern Bund ziehen, so wäre die Sache vollends entschieden.

Henrich von Ringelstein. Der nothwendigste wäre uns vorerst Ritter Kurt, aber er hängt so fest an dem Bischofe, daß wir wohl keine Hoffnung haben, ihn für unsere gerechte

Fehde zu gewinnen. Er ist noch kürzlich des Bischofs Marschalk geworden.

Rheinhard von Niehausen. Das würde freilich ein schweres Stück Arbeit seyn; und doch ist er uns beinahe unentbehrlich. Ich lege dieses Geständniß ungern ab, dann ich hasse ihn, seitdem er ein Speichellecker des Bischofs ist, und selbst die Rechte des Adels untergraben hilft.

Henrich von Ringelstein. Er ist indessen der mächtigste Ritter auf 20 Meilen in die Runde, und sein weiser Rath würde uns die wichtigsten Dienste leisten. Sind uns seine Burgen nicht geöffnet, so können wir diesseits des Waldes d) nichts mit glücklichem Erfolge unternehmen. Jenseits sind uns die Westpfälinge, Brenkens und Pattberge im Wege —

Rheinhard v. Niehausen. Für Semmen von Pattberg seyd unbesorgt, er ist unser Fehdegespann. Vorgestern erhielt ich von einem seiner Knappen diese fröhliche Kundschaft. Sobald die Fehde des Grafen von Waldeck ge-

---

d) Eine sehr alte, noch bestehende Eintheilung des Landes, in den Ober- und Unterwaldischen Distrikt.

endiget, stößt er mit einigen achtzig Reisigen zu uns.

Raban v. Haxthausen. Traut ihm nicht zu viel er ist des Bischofs Busenfreund.

Rheinhard v. Niehausen. Gewesen, Herr Ritter! nun aber nicht mehr. Er wird mein Schwiegersohn, und meint ihr, das ich meine Tochter einem Speichellecker des Bischofs geben werde? — Ich bin versichert von ihm. —

Alhard v. Vollmeringhausen. Gut, daß ihr darauf kommt. Mein Vetter Kurt warb ja vor einem halben Jahre um eure schöne Tochter, hat er seitdem nichts von sich hören lassen?

Rheinh. v. Niehausen. Noch vor 3 Wochen war sein Vetter Raban desfalls bei mir auf der Burg. — Lieber aber wollte ich das Mädchen ins Burgverließ stopfen, als jemals zugeben, daß es seine Hand einem Unterdrücker unsrer Freiheit reichen sollte.

Raban v. Haxthausen. Aber wie? wenn wir ihn durch das Mädchen in unsern Bund ziehen könnten? — Gebt ihm Hoffnung, wenn er der Freundschaft des Bischofs entsagen, und

unser Fehdegespann werden will. Hat er eure
Tochter wirklich lieb, so wird sie ihm um die›
sen Preis nicht zu theuer seyn.

Alhard v. Vollmeringhausen. Das wäre
auch meine Meinung, Herr Ritter!

Rheinhard v. Niehausen. Ich sollte ihm
ein Wort geben, das ich nicht zu halten ge›
dächte? Schämt euch, das kann kein deutscher
Ritter. — Wie übel würde es einem Vater an›
stehen, wenn er sein Kind verhandlen, oder —
wenn ihr wollt — gegen Bündnisse austauschen
wollte? — Zudem habe ich sie dem Pattberger
halb und halb zugesagt.

Alhard von Vollmeringhausen. Halb und
halb ist noch nicht ganz, nächst euch ist uns
aber Ritter Kurt der nothwendigste Mann.
Hat eure Tochter Neigung zu ihm?

Rheinh. v. Niehausen. Sie hatte sie, ist
aber ein zu gutes folgsames Kind, als daß sie
ihren Vater durch Ungehorsam kränken sollte.

Alb. v. Vollmeringh. Wärt ihr dann auf
keinen Fall geneigt, dem Ritter Kurt eure Toch›
ter zu geben; selbst dann nicht, wenn er uns
in unsrer gerechten Fehde mit Rath und That
beistehen wollte?

Rheinhard v. Niehausen. Wenn er es aufrichtig und sonder Arglist mit unsrer guten Sache halten, und dem Bischof gänzlich entsagen will, auf diesen Fall, ja!

Alh. v. Vollmeringh. (will eilends abgehen) Gott befohlen bis gegen Abend.

Henrich v. Ringelstein. Wohin, Alhard! wollt ihr den Bund nicht mit uns versiegelen?

Alh. v. Vollmeringhausen. Das Siegel unseres Bundes ist in mein Herz gegraben. Mich rufen vorerst wichtigere Geschäfte.

(geht ab)

Rheinh. von Niehausen. So kommt dann und laßt uns den Bund versiegelen, die Ritter werden uns erwarten.

Henrich von Ringelstein. Gott seye mit uns, und jeder gerechten Fehde!

(Sie gehn ab.)

Der Bund wurde versiegelt, und mit Bann und Fluch fürchterlich verwahrt e). Die Ritter hielten ein freundschaftliches Mahl, und giens

---

e) Dieser Verbundsbrief ist wahrscheinlich verloren gegangen; wenigstens mir nie zu Gesichte gekommen.

gen mit der Versicherung auseinander: den letzten Blutstropfen für ihre Freiheit aufopfern zu wollen. Nur die Häupter der Verbündeten blieben noch zusammen, um den Operationsplan genauer zu überlegen.

Alhard von Vollmeringhausen war indessen nach der Deesenburg gezogen, um den Ritter Kurt in ihr gemeinschaftliches Interesse zu ziehen.

———

(Burgzimmer auf der Deesenburg.)
Alhard v. Vollmeringhausen, und Ritter Kurt
Spiegel zum Deesenberg, im Gespräche.

Alh. v. Vollmeringh. Bedenkt wohl, was ihr thut; der Verbündeten sind acht und siebenzig, der Bischof leidet Gefahr, und auf diesen wahrscheinlichen Fall könnt ihr die Folgen für die Ritter, die es mit ihm hielten, leicht überrechnen.

Kurt Spiegel z. D. Es komme wie es wolle, ich bleibe auf der Seite des Bischofs. Geht Vetter! sagt dieses den Rittern, die euch abgeschickt haben, und laßt mich in Ruhe.

Alh. v. Vollmeringh. Könnt ihr es dann

billigen, daß uns der Bischof unterjochen will? Wenn das so fortgeht, so müssen wir ihm in 10 Jahren die Pferde in der Frohne striegelen. — Alles steht für uns auf dem Spiel, und ihr könnt dabei ruhig bleiben? — Ich habe mich an euch geirrt — Hm! es ist weiter nichts dabei verloren, wir werden ohne euch fertig.

Kurt Spiegel z. D. Ich wünsche euch Glück dazu — Ganz ungerecht — ich gestehe es — ist eure Fehde eben nicht; allein, ich bin des Bischofs Dienstmann, und Pflicht kettet mich an seine Sache.

Alh. v. Vollmeringh. Also keine Hoffnung?

Kurt Spiegel z. D. Keine!

Alh. v. Vollmeringh. Auch gut — wir wollen deshalb doch Freunde bleiben.

Kurt Spiegel z. D. Das hoffe ich.

Alh. v. Vollmeringh. Um euch nun gleich einen Beweis meiner Freundschaft zu geben, möchte ich euer Freiwerber werden. Ich weiß eine Braut für euch, die —

Kurt Spiegel z. D. (etwas verdrießlich) Ach! schweigt still davon, ich werde nie heirathen.

Alh. v. Vollmeringh. Und eure Erb= und Lehngüter eurem lüderlichen Vetter überlassen? da wären sie schön angebracht.

Kurt Spiegel z. D. Wie kommt ihr nun eben auf diese Frage? — Wenn ich heirathe, so ist dieses freilich mein einziger Beweggrund; allein —

Alh. v. Vollmeringh. (schnell einfallend) Ich weiß, was ihr sagen wollt. Ihr könnt keine finden, die euch so ganz gefällt. Ihr habt wunderliche Grillen von häuslicher Glückseligkeit, und zu diesen Grillen passen nicht alle Mädchen. Ein gutes Herz abgerechnet, darf eure künftige Frau nichts mit euch gemein haben. Ihr seyd aufbrausend, sie muß desto sanftmüthiger seyn. Ihr seyd starrsinnig; sie muß desto nachgiebiger seyn, eure Launen machen euch zuweilen hartherzig, und just in diesen Augenblicken braucht ihr ein gutmüthiges Weib, die die raschen Entschlüsse eures Herzens zu mäßigen weiß.

Kurt Spiegel z. D. Diese Eigenschaften besitzt nur eine, und diese Eine ist es gewiß nicht, die ihr mir zufreien wollt. — Wie heißt dann das Mädchen?

Alb. v. Vollmeringh. Luzie von Niehausen.

Kurt Spiegel z. D. (stutzt und erröthet) Luzie von Niehausen? — Wer hat euch das gesagt, Vetter!

Alb. v. Vollmeringh. Nun! nun! werft sie doch so weit nicht weg — Sie ist immer ein Mädchen, das ihr auf 20 Meilen in die Runde nicht besser finden könnt.

Kurt Spiegel z. D. Treibet keinen Scherz mit mir, ich höre, ihr wißt alles. (zornig) Vielleicht hat sich gar der Alte groß damit gemacht, daß er mir einen Korb gegeben, aber bei allen Heiligen! ich werde diese Schmach zu rächen wissen. (Pause. Er wirft sich auf einen Stuhl) Vetter! ich bin unaussprechlich unglücklich.

Alb. v. Vollmeringh. Um Gotteswillen! was fehlt euch — ihr seyd ja so blaß wie eine Leiche.

Kurt Spiegel z. D. Wenn es euch noch unbekannt ist, so wißt es: Ich liebe Luzien, ich bethe sie an.

Alb. v. Vollmeringh. So käme ja mein Vorschlag wohl eben recht. Als ich vor einigen

gen Tagen bei dem Alten auf der Burg war, und das sanfte gute Mädchen so vor mir sitzen sah, fuhr mir auf einmal dieser Plan durch den Kopf. — Mußts Mädchen mal ausforschen, dachte ich, und kaum hatte der Alte den Rücken gewandt, entdeckte ich ihr meinen Plan ohne Umschweife. Sie wurde feuerroth bei eurem Namen, und da hatte ich schon genug.

Kurt Spiegel z. D. Ich sage euch ja, der Alte hat mir eine abschlägliche Antwort gegeben, und (wild) auf eine Art gegeben, die zehnmal ärger war, als die abschlägliche Antwort selbst.

Alb. v. Vollmeringh. Wenn sonst nichts ist, ich stehe euch für die Einwilligung des Alten. (bedenklich) Aber — —

Kurt Spiegel z. D. (aufspringend und schnell einfallend) Ich errathe euer aber, Luzie ist mir um keinen Preis zu theuer — Ich bin euer Bundsgenosse! Mein einziges Bedingniß ist Luziens Hand.

Alb. v. Vollmeringh. Die sollt ihr haben, und das Herz oben drein. Reitet mit nach

Brakel, und versiegelt den Brief; so ist Luzie in 3 Tagen die eurige.

Kurt Spiegel z. D. (ruft schnell aus dem Fenster:) Die Pferde vor. — Kommt Vetter! wenn der Bischof Luzien kennen lernt, so wird er mich entschuldigen.

(Sie gehn eilends ab.)

Noch denselben Nachmittag kamen sie in Brakel an, wo noch verschiedene Ritter, und unter diesen der Chef der Verschwörung Rheinhard von Niehausen, beim vertraulichen Becher zusammen saßen. Ritter Kurt und Vollmeringhausen versiegelten noch am Abende den Verbundsbrief. Rheinhard nahm beide mit auf seine Burg, und die Anstalten zur Hochzeit wurden getroffen. Luzie liebte schon seit zwei Jahren ihren Ritter, und stimmte mit Freuden den Wünschen ihres Vaters bei. Das Beilager wurde nach 3 Tagen vollzogen, wie es Vollmeringhausen versprochen hatte. Kurt war mit seiner Luzie unaussprechlich glücklich, und führte sie heim, auf die Desenburg.

Der Bischof hatte gleich von allem Nachricht, was vorgegangen war. Er schickte einen Knappen ab, und ließ Ritter Kurt den Tag nach der Hochzeit an sein Hoflager laden. Kurt enschuldigte sich, und erschien nicht. Tags darauf kam der bischöfliche Truchseß, und drohte mit dem Kirchenbann. Kurt war in einer unangenehmen Lage. Die Pflichten der Dankbarkeit und der Liebe stritten um sein Herz, als der kluge Gedanke in ihm aufstieg, beide zu vereinigen, und Vermittler der bevorstehenden Fehde zu werden. Er fertigte den Truchseß mit der Versicherung ab, daß er bloß deswegen dem Bunde beigetreten, um dem Bischofe durch seine Vermittelung zu nützen; da die Sache bei einer so großen Anzahl der Verbündeten für ihn schlecht würde ausgefallen seyn. Er versprach in einigen Tagen das Resultat seiner Bemühung dem Bischof persönlich vorlegen zu wollen.

Inzwischen nahete sich die Fehde dem Ausbruche. Die Verbündeten stießen mit ihren Reisigen in der Warburger Börde zusammen, um das Schloß Dringenberg, wo der Bischof alle Anstalten zur Gegenwehr traf, gemeinschaftlich zu belagern. Kurt suchte unter allerley Vorwand den völligen Ausbruch zu verzögern. Er sprach von Ausgleichung, und übernahm mit Freuden die ihm angetragene Rolle eines Vermittelers.

Temme von Pattberg, in der süßen Hoffnung sich die schöne Luzie zu erkämpfen, eilte gleichfalls mit seinen Reisigen dem Sammelplatze der Verbündeten zu. Unterwegs erst hörte er die Verheirathung seiner geliebten Luzie, und schwur dem alten Niehausen blutige Rache.

Kurt war indessen bei dem Bischofe zu Dringenberg. Seine Anträge wurden gut aufgenommen, da man die augenscheinlichste Gefahr sah, alles zu verlieren. Der Bischof gab nach, und versprach dem Adel seine bisher genossenen Rechte und Freiheiten zu guarantiren, wenn er die ergriffenen Waffen freiwillig aus der Hand legen würde. Kurt flog mit dieser fröhlichen Nachricht den Verbündeten entgegen, als ihm die traurige Kunde zu Ohren kam: seine Luzie seye von Meuchelmördern angegriffen, und jämmerlich ermordet worden. Stumm und ohne Besinnung rannte er nach Warburg, wohin man den entseelten Körper Luziens gebracht hatte. Er ward rasend bei ihrem Anblicke, man fürchtete für sein Leben. Vollmeringhausen suchte ihn von der Leiche, die er schlechterdings nicht verlassen wollte, zu entfernen. Alles war vergebens. Endlich gelang es den Rittern, ihn halb mit Gewalt wegzuführen. Man legte ihn auf ein Ruhebett, seine erschöpften Kräfte wieder zu sammlen.

Luzie ward in der Gruft ihrer Väter zur Erde bestattet. Alles, auch die hartherzigsten Ritter, beweinten das Schicksal dieses unglücklichen Weibes. Selbst Temme von Pattberg schien versöhnt, und Theil an dieser allgemeinen Betrübniß zu nehmen. Jedermann hielt ihn zwar für ihren Mörder, allein die That, die sich folgender Gestallt zugetragen hatte, war ihm nicht zu beweisen.

Luzie ritt in Begleitung eines Knechtes nach Warburg, um dort ihren Vater zu sprechen. Als sie den größten Theil des Wegs zurückgelegt hatte, fielen zwei verkappte Reitleute, die sich hinter einer Hecke verborgen hatten, den

Pferden in die Zügel. Luzie sank von drei Dolchstichen verwundet, todt vom Pferde herab, dem sie begleitenden Knechte gelang es aber, sich loszureissen, und mit einer leichten Wunde am Kopfe glücklich zu entrinnen. — Man setzte den Thätern nach, aber sie waren verschwunden. So geneigt auch jedermann war, den Pattberger für den Mörder Luziens zu halten, so wenig verrieth sein Betragen ein böses Gewissen. Die Sache wurde zwar vor dem Vehmgerichte zu Dringenberg gegen ihn in der Folge anhängig gemacht, allein er war selbst Schöpfe dieses heimlichen Gerichts, und wußte sich so zu vertheidigen, daß er bald hernach völlig frei gesprochen wurde.

Ritter Kurt hatte sich indessen von seiner aus Uebermaaß des Schmerzes entstandener Krankheit, durch Hülfe der Zeit und eines Arztes, wieder erhohlt. Er brachte nun den Vergleich — wie er hier N. III abgedruckt ist — völlig zu Stande, und folgte nicht lange hernach seiner geliebten Luzie in ein besseres Leben nach.

III.

Vertrag zwischen Bischof Bernhard V. und den Ständen des Hochstifts Paderborn.

Vom Jahr 1326.

Wi Bernhart van Godes gnaden en Bischop to Paderborne bekennet un bethuget oppenberliken olden den Lüden de düssen Breff sehet, un hört lesen, dat uns de ersamen Heren de Provest de Deken un dat Capitel unses vorsprokenen stichtes to Paderborne unse Denstmanne un Borghmanne un andere unse helden a) Wrunt, de wonet in herschap des vorsprokenen stightes grote Leue un gunst hebbet bewist daran, bat se leflicke un gunstlicken willigh waren, bat poi dor noth unser un unses stights gelb esceben un namen, van Spiekeren, Scuren Huser, Kasten un van anderem Buwe de uppe Kerecks

---

a) Soll wahrscheinlich Leuen heißen, indessen ist so wie es im Text steht, im Original geschrieben.

hofen un in Kercken ghebuwet un ghefet fyn. Un beden dat darumme uppe dat unfe ftighte van alfodaner fchult dar et medde besveret un bekummeret was entkrudet worde. umme düfe gunft un Wruntfchap de fe uns un unferne ftighte hir an bewift hebbet, fo gheve wi un unfe Nakümmelinge en un eren Nakümmelingen düffe Gnade weder, de men hir befcreven vindet un vorwilkoret un vorbindet unfe met den Heren vamme Capitele un lowet en truwen an Eytftat an düffen breve alle de ftuck de hir befcreven ftat, ewelicken vaft un ftede to holdende.

Tome erften gheve wi un unfe Nakumlinge en düffe Gnade dat wi van düffer Tyt nümmer ne fculden, nogh ne willet efchen eder nemen gheld van fpiekeren van Kaften un van Buwe de uppe Kerckhoven un in Kercken gebuwet fyn, eder nogh gebuwet werden. Vn de Spiekere un de Kaften un ander Timmer dat uppe den Kerckhoven un in den Kercken gebuwet ys, un nogh mag werden gebuwet, des ne fulde wy nogh unfe nagkummelinge night heten nogh ghebeden afdoen eber afbrecken des de Kerckhern also vele rumes hebbe, dat he mitme Cruce un mit sime Kerspel umme gahn moghe, un dat men darup nicht ne Buwe dat Godes=denst hinderen moghe b).

---

b) Die Gewohnheit bei Kirchen, besonders bei häufig von Auswärtigen besuchten Kloster= und Kathedralkirchen, Kramladen, Wirthshäuser ꝛc. zu bauen, ist sehr alt; und sehr oft ist es der Fall, daß aus dergleichen einzelnen Gebäuden ganze Städte entstanden sind. Die zu einem wunderthätigen, oder sonst berühmten Heiligen wallfahrtenden Pilger hatten so gut Hunger und Durst, als andere Menschen, es mußte also dafür gesorgt werden, daß sie beides in der Nähe mit Bequemlichkeit befriedigen konnten. Diese bei den Kirchen aufgebaueten Häuser standen gewöhnlich auf den Kirchhöfen, die nach uraltem Gebrauch der katholischen Kirche eingeweihet, und von aller weltlichen Jurisdiktion ausgenommen waren. Bischof Bernhard hatte diese Gebäude mit einer Auflage belegt, die er als Landesherr, nicht als Bischof erhob, und sich dadurch den Haß der Geistlichkeit zugezogen. Sie machten daher mit der Ritterschaft gemeinschaftliche Sache, und hatten wenigstens durch heimliches Zurathen an der vor diesem Vertrage hergegangenen Fehde keinen geringen Antheil. Das Mspt de gestis Bernardi Episcopi sagt: Privilegia Cleri quanquam necessitate coactus, etiam violavit. und bezielt dadurch wahrscheinlich diesen Vorfall.

§. II. Vortmer wy Bernhard de vornomede Bischop un unse Nakummlinge ne sulben nene Clocken nemmen, eder de unse laten nemmen also vern alse unse Stighte wendet c).

§. III. Vortmer, ne sulbe wy eder unse Nakummlinge nene Beede eder nene Sysen eschen nene Wys van Ploghen, van Hoveden, van Ghude van egenen Luden eder anderen Luden se syn watte Lude se syn, der Heren vamme Capitele Denstmanne eder Borghmanne unses Stightes d).

---

c) Dieser zweite §. ist mir, so wie er da liegt, ganz unverständlich; da ich weder in dem oben angeführten Mspt, noch bei Gobelinus und andern, die mindeste Spur finden kann, daß Bernhard Glocken weggenommen oder wegnehmen lassen. Vielleicht soll dadurch ein zu verhängendes Interdikt bezielet seyn, wobei freilich der Gebrauch der Glocken hinwegfiel, ob dieselben gleich — so viel mir bekannt — nie vom Turm abgenommen wurden.

d) Es war eine der Hauptbeschwerden wider Bernhard, daß er die Hintersassen des Adels und der Geistlichkeit mit einer Tranksteuer belegt, und selbe mit Gewalt eingehoben hatte. Unglücklich ausgeschlagene Fehden und die üble Wirthschaft seiner Vorgänger, machtem ihm zwar nach dem Zeugniß seines Biographen, die Einführung

§. IV. Vortmer ne sule wy eder unse Nakummlinge uppe Gude der Heren vamme Capiteln, vn anderer Stighte, Clostere, Papen, der Denstmanne eder der Borghmanne nen Vehlaten nemen eder nemen et sulwen met ghewelde un wederme reghten nene wys, un up öreme Ghude nene Ghewelde doen. gescheghet aver, so sollde beghene beme dat also gescheghen were et bringen an dat Capitel, dat tho der Thydt to Parborne geghenwordig were, un vor de Heren vamme Capitele de men hebben moghte. un so sollde dat Capitel dat uns verthoget an unse bringen, so sule wy dat weder von binnen vertein naghten dede Capitele Denstmanne un Borghmanne sulen dat sament vorderen weder unsen Ammetman de de name ghedan hevet ane verdacht unser un unser nakummlinge, were aver dat wy de Ammetlude

---

dieser Steuer zur Nothwendigkeit; allein von Seiten der beiden vorgenannten Stände widersetzte man sich muthvoll diesen bis dahin unerhörten Neuerungen. Aus dem obigen Texte scheint es, daß er nebst dem noch eine Gewerb- und Grundsteuer eingeführt, wovon sein Biograph aber keine Sylbe sagt.

de de name gheban hebben verhegheben eder Verhelben na den vertein naghten dat de name night weder danne worde, so solben unf de Heren vamme Capitele Denstmanne un Borgh=manne anspreken dat, un so sollde wy dat weder don binnen enen Manede darna, dat wy darumme angesproken worden, datselve solde wi don, eft de Ammetman de dat gheban hebde van armoden night weder donne moghte, un ne weder debe wi des binnen den Manede night, dat moghte man up uns vorderen, were auch dat en Ammetman name debe unf un den unsen un unse Land darmede rümede, dat solde wy den unsen un sie unf weder samentlicken vorderen helpen weder den we he were e).

---

e) Dieser §. hängt mit dem vorigen zusam=men, indem der Bischof, um seine ausge=schriebenen Steuern zu erzwingen, dem sich widersetzenden Adel das Vieh aus dem Stal=le hohlen, und verkaufen ließ. Da er nun vorher schon versprochen hat, die Hintersas=sen des Adels und der Geistlichkeit nie wie=der besteuern zu wollen; so wäre diese Pfandung von selbst weggefallen, und die Vereinbarung darüber hätte füglich in die=sem Vertrage wegbleiben können. Sie würde auf diesen Fall wenigstens zu Miß=deutungen, wie jene der Ritterschaft von

§. V. Vortmer, wat shulbige Lude der Heren vamme Capitele der Stighte, Clostere Densts manne Borghmanne un vnser Manne be vnder vnf wonet, alfo with, ahse vnser Stighte is

---

1582 waren, keine Veranlassung gegeben haben. Diese behauptete nämlich aus obigem §, von allen gerichtlichen Hülfsvollstreckungen befreit zu seyn; jeder Gläubiger sollte es daher auf ihren guten Willen ankommen lassen, ob sie ihn bezahlen wollten oder nicht. Eben so wurde dieser §. im J. 1603 bei folgender Veranlassung mißbraucht: Bischof Theodor schrieb eine Kirchenagende vor, um die Einförmigkeit im Gottesdienste seiner Diözese wieder herzustellen. Mehrere von der Ritterschaft wollten diese Agende in ihren Dörfern nicht annehmen, und widersetzten sich der Einführung derselben; so, daß der Bischof zu Zwangsmitteln seine Zuflucht zu nehmen genöthiget war. Er ließ ihnen alle Schafe und sonstiges Vieh durch seine Leute wegnehmen, und nach Steinheim bringen; die Ritterschaft wendete sich dem obigen Vertrage zemäß an das Domkapitel, wo der berüchtigte Sindikus Johann Möller noch sein Wesen trieb. Dieser beredete das Kapitel Theil daran zu nehmen, welches dann auch eine Wiederpfandung ex jure retorsionis zu verordnen sich anmaßte, die auf Frohnleichnamstag 1603 durch Beiwirkung der Städte Paderborn und Brakel, auch auf den Meyereien des Bischofs vollzogen wurde. Die Haupttriebfedern dieser unerhörten Behandlung wurden vom Kaiser nachne snűmen in nener unfer Stede to Borgheren untfan un weren se alrede to Borgheren untfangen, eber worden se na düffer Tit to Borgheren untfangen un willenkommet un verboßmet de cläger dat de Lude sin egen sin, also en reght un en syde des Landes is, so sall men se eine weder laten in sinen denst ute der stat dar se inne wonet, un to Borgheren untfangen waren f).

Prag verabladet; sie giengen aber dagegen mit dem Landgrafen Moritz von Hessen ein Schutzbündniß ein, worauf sie aber nachher verzichten, und dem Bischof beträchtliche Strafgelder zahlen mußten. Zuletzt ist dieser §. wohl in den Jahren 1737 und 1756 wider das Oberamt Dringenberg in Anwendung gebracht, ob mit Recht? ist hier der Ort nicht zu entscheiden.

f) Viele eigene Leute siedelten sich in Städten an, und wurden dadurch durch ein Gewohnheitsrecht, dann geschriebene Gesetze sind mir darüber nicht bekannt, freie Menschen. Sehr natürlich mogte es dem Adel und der Geistlichkeit nicht gefallen, wenn ihre Eigenbehörigen sie und ihre Dörfer verließen, um in den Städten freie Menschen zu werden; die weggegangenen waren in einem Lande, wo die wenigsten Gegenden die Eigenbehörigkeit kannten, nicht so leicht zu ersetzen, und diesem Grunde hat wohl obiger §. in diesem Vertrage seine Existenz zu verdanken.

§. VI. Vortmer quemet alſo dat eghene Lude eber andere Lude ſe weren we ſe weren, der Heren vamme Capitele der Stighte, Cloſtere, Denſtmanne eber der Borghmanne breken we‑ der uns, unſe Nakumlinge, weder unſe Ammet‑ lude eber weder unſe gheſindel, de ſall men erſt vorklagen vor deme Burgerighte, dar ſe inne wonet un ſin, des de bruke alſulic ſi, dat he deme rightere to rightende ſta, worde unſ eber unſen Ametluden da. reghtens geweigeret, dat dat wetlick un kuntlick were, ſo moghte wy um unſe Ametlude de Sake then vor en hogher Gerighte, dar men ſo to reghte then ſall g).

---

g) Der Adel hatte zwar ſchon längſt (frei‑ lich nicht in der heutigen Form) die Patri‑ monialgerichtsbarkeit auf ſeinen Gütern hergebracht, hier aber wird ſie ihm zum erſtenmal, und zwar in vim pacti feierlich zugeſichert. Ja der Fürſt ſelbſt will ſich bei dieſen Gerichten jedesmal einlaſſen, wenn er wider einen Hinterſaſſen Klage zu er‑ heben hat; und ſo wird es noch bis auf den heutigen Tag gehalten, wenn etwan die Kammer wider einen im Patrimonial‑ gerichtszwange ſitzenden Bauern zu klagen genöthiget iſt. Auch haben die landtags‑ fähigen Ritter noch bis heute nach neueren Landeskonſtitutionen das ausſchließende

§. VII. Vortmer houwe jenigh eghen Mann eber en ander Man, we he were holt im holte ber Heren vamme Capitele, anderer Stighte, Clostern, der Denstmanne der Borghmanne unses Stightes eber Papen, da wi mit en acht-
wordig

Recht der ersten Instanz, jedoch mit der Einschränkung, wenn ihre Gerichte mit einem rechtsgelehrten Richter und einem Actuarius besetzt sind. So viel Unkosten wenden nun freilich die wenigsten Gutsbesitzer an, und verzichten dadurch stillschweigend auf dieses ausschliessende Recht. Die üblen Folgen dieser Oekonomie sieht man bei den Obergerichten täglich, da sehr viele Gerichtshaltereien so elend besetzt sind, daß bei vorkommenden Appellationen das ganze Verfahren prima vista reformirt werden muß. Unter vielen andern erinnere ich mich zweier Fälle dieser Art, die verdienen bemerkt zu werden. Einem Juden wurde in einer Sache der Haupteid vom Beklagten aufgetragen, den auch dieser sofort annahm; der Gerichtshalter machte nicht viel Umstände, nahm die Hofgerichtsordnung zur Hand, und ließ den Juden nach den darin befindlichen Formeln den christlichen Zeugeneid aufs heilige Evangelium richtig ausschwören! Ein andrer gab vor einigen Jahren zum Bescheide: „soll das „Protokoll an die gnädige Herrschaft ein„geschickt, und deswegen gnädige Ordres „erwartet werden, welchem vorgängig „sodann ferner ergehen soll w. R."

wordig inne sin, den Mann magh panden des ghene, de dat to reghte erpanden magh. un dat pand sall he to borghe don von en Holtdink, un varen dan mede also der Marke reght is h).

§. VIII. Vortmer quemet also dat wi eder unse Nakummlinge jemande vamme Capitele Denstmanne eder Borgmanne wolden Gewolt eder unreght don. dat soll deghene vorklagen un vorvolghen vor deme Capitele un den Borghmanne un den Denstmannen, un den moghten se uns des night berighten, dat wi des unreghtes un Gewelt vorthegen un daraff leten, so sollen alle de Heren vamme Capitele, Denstmanne und Borghmanne uns eder unsen Nakummlingen wederstan mit likeme rade un mit samender Helpe ane unser un unser Nakummlinge hat eder vorbaght to werende de Geweldt un dat unreght, un hir weder beklagede wi, eder unse Nakummlinge eder sculeghede wi jemanden ut en eder under en, un settes

---

h) Diese Holzgerichte haben mit der Markentheilung aufgehört, und existiren, wenigstens in ihrer alten Form nicht mehr.

G

de sick vrevelicken weber uns, un ne wolde uns
nen reght don, und night to reghte andworden,
des sculen all de anderen Heren vamme Capite=
le Denstmanne un Borghmanne unses Stightes
uns un unsen Nakummlingen bistan un bi uns
bliven, also lange went uns reght gesehe i).

§. IX. Un boven alle dink sollen wy de Heren
vamme Capitele, andere Stighte, Clostere, Pa=
pen, Kercken, unse Denstmanne un unse Borghs=
manne de in unseme Stighte sin, laten bi also=
daneme olden reghte also se oldenes her heb=
bet braght. Se sollen ouch uns un unse Na=
kummlinge bi also gedaneme olden regte laten,
als unse vorvahren oldenes here braght heb=
bet k).

All duse rede, de hievor scriven is, de love
wy Bernhart de vorsprokene Bischop mitme Pro=

---

i) Dieser §. ist durch den ewigen Landfrie=
den unnütz geworden.

k) Dieser §. ist in allen nachherigen Unionen
der Stände zur Basis gelegt, die immer
dahin zielten, ihre alten hergebrachten und
vom Bischof Bernhard bestätigten Rechte
aufrecht zu erhalten. Die paderbornischen
Stände sind auch hierin ziemlich glücklich
gewesen, da sie von ihren ursprünglichen
Gerechtsamen wenig oder nichts verloren
haben.

veste, mitme dekene un mitme Capitele unses Stightes en Truwen an eytstat eweliken vast un stede to holdene weret ouck also, dat wi de vorsprokene Bischop wolden breken tomalen eder en deel des hirvore gescreven is, so levet Her Werner van Volmesteine en Provest, Her Rudolff de Marschalc en Deken, un dat gantse Capitel van Parborne mit unsem willen un mit unser vulbort en truwen an eytstat un verwillköret un verbindet seck an düssen Breve mit unsen Denstmannen, Borghmannen un mit unsen Mannen weder to staende uns des Unreghts, un uppe dat all düse vorsprokene rede eweliken vast geholden werden un ungebroken blive, so hebbe wi Bernhart de vornomede Bischop un unse Capitel dussen Breff mit unsen Insegelen besegelen laten. Düsse Breff is gegeven des Dynxedages na Paschen na Godes Burt dusend dreehundert in deme ses un twinteghesten Jahre.

L. S.
Bernhardi
Episcopi

L. S.
Eclesiæ Cathedral. paderborn.

Nos Dei gratia Præpositus Decanus & Capitulum Eclesiæ paderbornensis notum facimus & tenore præsentium profitemur, quod cum Ministerialibus, Castrensibus & Vasallis nostræ Eclesiæ convenimus & concordavimus in hunc modum: quod post obitum venerabilis Patris Dni Bernhardi, nunc episcopi nostri, & deinceps in quibuslibet Eclesiæ nostræ Vacationibus affuturis nullum de suis successoribus ad Administrationem seu ad aliquod Jus aliud episcopo debitum admittemus, nisi prius in quasdam litteras super bono statu & Conservatione Juris ministerialium Castrensium & Vasallorum nostræ Eclesiæ confectas & conscriptas expresse consentiat, easque Sigillo suo faciat publice sigillari, hæc omnia eis fide data loco Juramenti fideliter observare perpetuo promittimus harum testimonio Litterarum appensione Sigilli nostri firmiter munitarum. Datum anno Dni M.CCC.XXVI. Sabbatho ante Tiburtii & Valeriani.

Univerſis Chriſti fidelibus tam præſentibus quam futuris. Nos univerſi & ſinguli miniſteriales, Caſtrenſes & fideles Eclefiæ paderbornenſis infra Limites & Dominia ejusdem Eclefiæ commorantes & bona hæreditaria ibidem habentes notum facimus & proteſtamur litteras per præſentes, quod ordinationem quandam pro conſervatione jurium & honoris Eclefiæ noſtræ prædictæ inter Reverendum in Chriſto Patrem & Dominum noſtrum Bernhardum Episcopum, Præpoſitum, Decanum & capitulum Eclefiæ ſupradictæ & eorum Succeſſores ex una, & Nos & noſtros Succeſſores ac hæredes parte ex altera hinc inde conceptam, conſcriptam & per fideidationem loco Juramenti nomine penevallatam & confirmatam prout in litteris deſuper confectis lucidius apparet. approbamus volentes eam in omni ſua forma, modo, conditionibus & articulis in iisdem litteris expreſſis ratam & firmam inviolabiliter obſervare, adjicientes quodſi, quod abſit, Dnus Reverendus Episcopus vel ſui ſucceſſores prædictam ordinationem talem in toto vel in parte infringere præſumerent aut contra Juſtitiam violare, aut tali caſu nos generaliter dictis Dominis de Capitulo, prout ipſi nobis aſſiſtere tenebimur, ut hujusmodi Ordinatio non infringatur ſeu violetur ſeu in perpetuum obſervetur. Econverſo ſi dicti Domini de Capitulo vel aliquis ex ipſis aut ex nobis Dno Reverendo Episcopo vel ſuis ſucceſſoribus ea quæ in præmiſſa ordinatione conſcripta & expreſſa ſunt violare vellet aut infringere & eidem Dno Episcopo vel ſuis ſucceſſoribus contra Juſtitiam reluctari extunc dicto Dno Episcopo vel ſuis Succeſſoribus toto poſſe aſſiſtere tenebimur contra tales. quod fide data loco Juramenti omnes & Singuli promiſimus & præſentibus promittibus pro nobis & Succeſſoribus noſtris & hæredibus univerſis & ſingulis Dno Reverendo Episcopo, Capitulo & eorum ſucceſſoribus ſupradictis in perpetuum inviolabiliter obſervare propterea promiſimus & præſentibus promittimus dictis Dnis Præpoſito Decano & Capitulo quod nos tempore creationis futuri ſeu futurorum Episcoporum *ipſis fidelitatem non præſtabimus, nec Munitiones Ecleſiæ præſentabimus niſi prius de præ-*

*miſſis fideliter obſervandis in omni ſuâ formâ
ſe obligent, & ſimilem ſicut Dnus noſter Bern-
hardus Episcopus Reverendus qui nunc eſt, de-
bitam faciat cautionem* & pro notitia & Eviden-
tia firmiori præſentem litteram Sigillis Cunradi
viri nobilis de Schonenberg, Arnoldi de Haversfoirde, Hermanni de Heerſe, Florini de
Holthuſen, Henrici Wendt, Luberti Weſtphal,
Herboldi de Papenheim, Friderici de Brenken
militum; Hermanni de Brakel, Hermanni de Calenberg & Bertholdi Schuwen famulorum pro
nobis omnibus & Singulis fecimus communiri
& Nos Cunradus nobilis de Schonenberg, Arnoldus de Haversfoirde, Hermannus de Heerſe,
Florinus de Holthuſen, Henricus Wendt, Lub-
bertus Weſtphal, Herboldus de Papenheim,
Friedericus de Brenken milites; Hermannus de
Brakel, Hermannus de Calenberg & Bertholdus
dictus Schuwen Famuli vice & loco omnium
miniſterialium, caſtrenſium & Fidelium ad in-
ſtantiam, voluntatem, & conſenſum & requiſi-
tionem eorundem pro nobis & ipſis & eorum
ſingulis Sigilla noſtra ad perpetuam rei memo-

riam duximus præsentibus litteris apponenda. Datum & actum Paderbornis anno Dni M.CCC.XXVI. ipso die Ambrosii Confessor.

> apposita sunt X Sigilla uno delapso.

IV.

Sonderbare jährliche Bestätigungsceremonie des vorstehenden Vertrags im Dom zu Paderborn.

Um den vorstehenden Vertrag Bischof Bernhards mit seinen Ständen immer in frischen Gedächtniß zu erhalten, hatte man es von Seiten der letztern, doch wenigstens im Jahr 1427 bereits hergebracht; daß derselbe alle Jahr am Grünendonnerstag öffentlich bestätiget wurde. Die Bestätigung geschieht noch, allein sie ist nun, wo nicht einmal des Vertrags im Ganzen, vielweniger, wie ehemals geschah, der einzelnen Punkte desselben Erwähnung geschieht, zur leeren Ceremonie herabgesunken. Statt dieses Vertrags bestätiget man nun ein veraltetes Privilegium eben dieses Bischofs, dessen sich gewiß kein Ritter bedienen wird, auch der heutigen Justizverfassung gemäß nicht bedienen kann. Die Auslassung der einzelnen Punkte des Bernhardinischen Vertrags geschah — wie es bei dergleichen Dingen immer zu geschehen pflegt — vor und nach; bis er endlich ganz verdrängt wurde, und seiner nicht einmal mehr Erinnerung geschieht. Das Memorial der Ritterschaft zur Polizeiordnung von 1580 beklagt sich schon:

„Undt obwohlen auch unlaugbahr, daß
„die gemeine Ritterschaft hergebracht, daß
„sie jedes Jahrs in der Fasten an den grönen
„Donnerstagh das *Privilegium Bernardi V.*
„durch den fürstl. Offizial binner Paderborn
„ist Bestättigung geschehen, welchen behuib
„die von Adel ein Theil in der Person wohl
„selbsten, die andere durch ihre Diener da-
„zu erscheinen lassen, die Bestättigung ge-
„wertigkt, alß dieß Jahr auch geschehen,
„so hat man aber bis anhero unerhört
„befunden, daß der Her Offizial den
„Punkt der Verprechung der unthertah-
„nen, daß dieselbe erst vor unseren
„Bauhrgerighten verklagt werden sol-
„len ꝛc. nit bestättigen wöllen, besunder
„uff unsers gnedigsten Landtsfürsten und

„Heren *Resolution* geschoben, welches dan „eine unerhörte Vernewerunge ꝛc. ꝛc. und so ist immer mehr ausgelassen, bis nun das Ganze in folgender Ceremonie besteht.

Am Grünendonnerstag, Morgens 9 Uhr, wird dem Gebrauche der katholischen Kirche gemäß das Allerheiligste in das sogenannte heilige Grab gesetzt, nach dessen Vollendung der übrige Clerus sich wieder auf das Chor begiebt. Das Domkapitel bleibt vor dem Grabe zurück, und bildet einen Halbzirkel, worin zur Rechten ein zeitlicher Offizial, zur Linken einige von der Ritterschaft mit ihrem Syndikus und Sekretär, nebst dem domkapitelschen Syndikus und Sekretär erscheinen, und nun nimmt folgender Dialog zwischen dem ritterschaftlichen Syndikus und dem Offizial seinen Anfang:

Syndikus. Es war einmal ein Bischof dieses Hochstifts Namens Bernhard, ein Graf von der Lippe, Glorreichen Gedächtnisses, dieser verstattete der hießigen Ritterschaft ein besonderes Privilegium, welches Sr Hochfürstl. Gnaden unser gnädigste Fürst und Herr an diesem Tage und

Orte jährlich bestättigen zu lassen pflegen; ich bitte also auch für dieses Jahr Ew. Hochwürden desselben Confirmation und Bestättigung zu ertheilen.

Offizial. Worin besteht dieses Privilegium?

Syndikus. Es besteht darin, daß wenn einer von der Ritterschaft dieses Stiftes mit seinem Diener in Unglück gerahten sollte, so soll der oberwaldische Kavallier alsdan mit seinem Diener unter der Linde zum Dringenberge, der niederwaldische Kavallier aber mit seinem Diener unter der krummen Winde zu Neuhaus besprochen, und alda dem Kavallier 6 Wochen 3 Tage (wird dreimal wiederhohlt), dem Diener aber 14 Tage 1 Tag (gleichfals dreimal wiederhohlt) verstattet werden.

Offizial. Hat dan dieses Privilegium keinen Abfall?

Syndikus. Freilich wohl, und zwar bensche Proue, gahre Kost, und verdientes Lohn.

Offiztal. Ego N. N. curiæ Episcopalis Judex authoritate & nomine Reverendissimi ac Celsissimi Principis Domini nostri clementissimi hoc Privilegium confirmo in nomine † Patris & † Filii & † Spiritus sancti. Amen.

Durch dieses Privilegium wurde also in den alten Zeiten für die Ritterschaft ein Forum privilegiatum begründet, und dieselbe aus dem Gerichtszwange der damaligen Landgerichte gehoben. Heut zu Tage mag es so viel wirken, als das Barbara celarent in der Allerseelenphilosophie. — Drei Fälle waren jedoch davon ausgenommen, nämlich bensche Proue, das ist, wenn sie den geistlichen Pfründnern ihre schuldigen Renten nicht bezahlten, und desfalls in Bann gethan waren; gahre Kost, das ist, wenn sie ihren Diensten und Hausgesinde das vereinbarte alters hergebrachte Essen und Trinken nicht verabreichten; und verdientes Lohn, wenn sie Tag- und Liedlohn nicht ordentlich und zur gehörigen Zeit bezahlt hatten.

Daß bensche Proue wirklich so heißt, wie ich es oben erklärte, wird ein Dokument im Urkundenbuche an Tag legen. Gahre Kost gehörte nicht überall unter die Ausnahmen vom ordentlichen Gerichtszwange, dann in den Legibus Municip. Brunsvic. heißt es: „ümme „gahre Rost schall me Klagen alse ümme an= „dere schuldt, undte anderes night." Man sehe: *Leibnitz* Script. rer. Brunsv. Tom. III. pag. 443. Um verdientes Lohn zu erhal= ten, war sogar an einigen Orten Selbsthülfe durch eigenmächtige Pfandung erlaubt. M. s. *Leibnitz* l. c. pag. 611.

———•———

V.

Schreiben eines Ungenannten an den Herausgeber, die Landtagsfähigkeit des nicht vollbürtigen Adels betreffend a). Mit Anmerkungen.

Den 28ten März 1796.

Mein Herr!

Vor einigen Tagen höre ich zufällig, daß Ihr vor Jahr und Tag angekündigte Magazin für den Adel nun zu Stande kömmt, und bald die

---

a) Diesen Brief erhielt ich am 2ten April v. Jahrs, sah' ihn für die Erfindung eines witzig seyn wollenden Kopfs an, und dachte an nichts weniger als ihn einrücken zu lassen. Da aber die Herren von Borch, von Spiegel und mehrere andere kurz darauf beim kais. Reichskammergericht wirklich auftraten, und ohne Aufschwörung zur Ritterstube zugelassen werden wollten; so glaubte ich nicht ohne Grund, daß dieser Anonime Brief einem dieser Herren oder doch einem Konsulenten derselben, sein Daseyn zu verdanken habe, und um deßwillen vergönne ich ihm hier gerne seinen Platz.

Presse verlassen wird. Ich wünsche Ihnen viel Glück dazu, und einen vollen Beutel voll b) Pränumerations-Gelder. Da Sie nun inzwischen einmal entschlossen sind, den alten Adel zu vertheidigen c); so lege ich Ihnen andurch einige Fragen zur Beantwortung vor, die ich nebst Ihrer gütigen Beantwortung im ersten Theile abgedruckt zu sehen wünsche d); und zwar

Erstens glauben Sie, daß die Stimmen bei

Meine Antworten auf die vorgelegten Fragen werde ich so kurz als möglich fassen, da man mir hoffentlich nicht zumuthen wird, über eine jede Frage ein Responsum Juris in forma auszufertigen.

b) Volle Beutel können nicht mehr voll werden.

c) Woher weiß der Herr Briefsteller das? — Ich wenigstens habe diese Gesinnungen noch gegen Niemand geäussert, und nur ein historisch-genealogisches, kein Vertheidigungs-Magazin für den Adel angekündiget.

d) Ist nun aus obiger Ursache geschehen, vielleicht reden wir im 2ten Hefte mehr davon.

bei unseren Landtagen auf den Gütern, oder auf der Vollbürtigkeit ihrer Besitzer hafte? e)

Zweitens hat der vollbürtige Adel in Rücksicht der Talente fürs Beste des Vaterlands zu rathen, vor dem nicht vollbürtigen Vorzüge, und welche? f)

Drittens ist der nobilitirte, oder vom alten Adel abstammende, dessen Vorältern sich mißheirathet, nicht so gut adlich, als der mit 16 Ahnen? g)

Viertens kann ein Corpus im Staate in præjudicium tertii Statuten machen? und sind

---

e) Auf den Gütern. Man sehe meine unpartheiische Revision der vom Herrn Dr. und Bürgermeister Neukirchen herausgegebenen Druckschrift, die Beschwerden des Bürgerstandes wider die Anmaßungen der beiden vorsitzenden Ständen des Hochstifts Paderborn betreffend (Hannover) 1794, wo ich dieses umständlicher gezeigt habe.

f) Eine sonderbare Frage! — Nein!

g) Ja! — nur nicht statutenmäßig adlich, wenn er zur Kapitels = oder Ritterstube zugelassen werden will.

diese Statuten, wenn auch die landesherrliche Bestätigung erfolgt ist, gültig? h)

Fünftens ist das Recht der Landstandschaft schlechterdings an 16 Ahnen gebunden? i)

Sechstens hat auch bei der vierten Frage eine Verjährung statt? k)

Diese sechs Fragen bitte ich vorerst zu beantworten, alsbann werde ich vielleicht mit mehreren aufwarten l). Ich glaube zwar sicher,

---

h) Allerdings, wenn der Dritte dessen erworbene Rechte gekränkt werden, diese Verletzung weiß, und dennoch so lange schweigt, daß eine stillschweigende Verzichtleistung oder Einwilligung zu vermuthen ist.

i) Bewahre Gott! sonst dürften ja die Bürgermeister nicht auf unseren Landtag kommen, die so gut ein landständisches Kollegium ausmachen, als die beiden vorsitzenden.

k) Eine Verjährung im eigentlichen Verstande nun wohl eben nicht; indessen kann es beim Stillschweigen des verletzten Theils eine Observanz werden; zumalen wenn widersprochene Vorfälle von der einen, und Beruhigung von der andern Seite im Mittel liegen.

l) Wird nicht nöthig seyn, indem ich im folgenden Hefte meine Gedanken über diese Sache umständlicher vorlegen werde.

daß Sie für den alten Adel eingenommen; da ich gehört, daß Sie bereits vorläufig sich für diesen geäussert haben; dennoch erwarte ich von Ihrer Unpartheilichkeit, daß Sie meine obige Bitte gewähren, und diese Fragen nebst Ihren Antworten in Ihrem Magazin abdrucken lassen. Sollten Ihre Antworten partheiisch ausfallen m); so wird man Ihnen (Sie) diplomatisch eines anderen belehren n).

Ein Kosmopolit o) im
Paderbornischen.

---

m) Das bin ich wahrlich nicht, habe auch vom einen Theil so wenig etwas zu erwarten als vom andern.

n) Gar preces armatæ! — Ich würde es übrigens gerne sehen, wenn der Herr Briefsteller diesen diplomatischen Beweis vorläufig bekannt machte.

o) Dem Herrn Kosmopoliten scheint doch nach den magern Landtags-Diäten unseres Ländchens zu gelüsten.

VI.

Hans Christoph Schüngel von Echthausen.

(Merkwürdige biographische Nachrichten von ihm selbst geschrieben.)

—

Einleitung. Das lateinische Original dieser Lebensbeschreibung stand in einem alten sogenannten schüngelschen Familienbuche, das sich unter der Manuscripten-Sammlung des verstorbenen Inspektors von Steinen in Frömmeren befand. Dieser theilte seinem Freunde, einem gewissen Dr. Rademacher in Soest eine beglaubte Abschrift desselben mit, die ich nun aus verehrungswürdiger Hand zum Gebrauch für dieses Magazin geliehen erhalten habe. Besagter Dr. Rademacher bemerkt am Rande:

„Diese wunderbarliche Geschichte ist aus
„einem Familienbuche der Schüngels von
„Echthausen, welches der Herr Inspektor von

„Steinen besitzt und mir mitgetheilt hat.
„Der Name ist darin nicht ausgedruckt,
„und eine spätere Hand hat anno 1609 dar-
„unter gesetzt, daß es die Lebenshistorie sei-
„nes Großonkels Johannis Christophori Schün-
„gel seye, die er hier eigenhändig beschrie-
„ben habe."

Ich liefere übrigens das mehr als 12 Bo-
gen betragende lateinische Original hier nur
in einem getreuen Auszuge. Manches, besonders überall angebrachte Exklamationen über
Gewissensbisse und Reue, die den Verfasser in
seinen verschiedenen Lagen ängstigten, ließ ich
hinweg. Bei Beschreibung einzelner ihm auf-
gestoßener Personen und Oerter ist er oft so weitläufig; daß ich ihm, ohne langweilig zu werden, in dieser Uebersetzung wörtlich nicht folgen
konnte. Was aber indessen die eigentliche Lebensbeschreibung selbst betrifft; so ist sie beinahe überall wörtliche Uebersetzung. Ich wollte keinen Roman schreiben, sondern eine wahre
Geschichte getreu übersetzen, mußte mithin
auf einen anziehenden blühenden Styl zum
voraus verzichten, welches ich bei Beurtheilung

dieser Uebersetzung mit in Anschlag gebracht zu sehen wünsche.

Nach einem weitläufigen Eingang, worin der Verfasser alle Menschenkinder, besonders aber seine Familie für ähnliche Ausschweifungen warnt, und ihnen Gott und seine heilige Religion stets vor Augen zu halten anräth, beginnt er folgender Gestalt.

―――――

Ich wurde auf Gertrudistag im Jahr 1496 gebohren, und verlebte meine Jugendjahre unter den Augen meiner Aeltern in Unschuld und kindlicher Freude. Mein Vater war ein sehr frommer Christ und leidenschaftlicher Jäger, nur ein wenig hart und unerschütterlich in seinen Endschlüssen. Die Jagd war ausser seinen Bethstunden, seine einzige Beschäftigung. So lieb er mich und meine beiden Brüder auch hatte; so bekümmerte er sich doch wenig um unsere Erziehung, die er von meinem 9ten Jahre an einem braven Mönche Andreas von Borken (Andræas Borkensis) lebigließ überließ. Mein Verstand war flüchtiger als jener meiner Brüder, ich machte also im Lesen, Schreiben, Latein und der Religion die erwünschtesten Fortschritte. Der Pater Andreas war mir desfalls ganz gewogen, dann er wußte nicht, daß der gute Saamen, den er ausstreuete, auf einen steinigten verdorbenen Acker fiel. Dieß war leider! bei mir der Fall. Nach geendigten Lehrstunden war mein Lieblingsaufenthalt immer bei dem Hausgesinde meines Vaters, die durch böse unzüchtige Reden und Beispiele alles verdarben, was der fromme Mönch etwan Gutes durch seine Lehren gewirkt hatte. Kurz, ich war kaum in mein sechszehntes Jahr getreten, als ich schon Ausschweifungen aller Art trieb, die ich jedoch dem Pater Andreas und meinem Vater zu verheimlichen suchte; wozu mir meine Mutter jederzeit behülflich war.

Wo ich nicht irre, war es das Ende des Jahrs 1514, welches den Pater Andreas von dieser Welt nahm. Er starb im Rufe der Heiligkeit, und gab mir noch auf seinem Todsbett, leider umsonst! die vortrefflichsten Lehren. Sein Tod schmerzte mich nicht sehr, dann ich brauchte mir von nun an in meiner lüderlichen Lebensart keinen Zwang mehr anzuthun. Mein

Vater bekümmerte sich um meine Ausschweifungen nicht, bewies ich nur bei ein oder andrer Jagdpartie einige Geschicklichkeit; so freuete er sich herzlich, und ließ mich übrigens machen was ich wollte.

Einige Zeit nach dem Tode des Pater Andreas besuchte uns eine nahe Anverwandtinn, die seit 2 Jahren im Kloster B... eingekleidet war. Ich hatte sie vorher gekannt, und unsere alte Freundschaft erneuerte sich bald. Der tägliche Umgang dieser Nonne mit einem so liederlichen Purschen als ich war, mußte die übelsten Folgen haben. Sie blieb 4 Wochen bei uns, und kehrte, ohne zu ahnden was ihr bevorstand, ruhig in ihr Kloster zurück. Einige Zeit hernach zeigten sich nur zu deutliche Spuren unseres sündhaften Umgangs, und die schuldlose Nonne — dann ich war ihr Verführer — bekannte ihrer Muhme, der Abtissinn, alles was vorgegangen war.

Die Abtissinn, eine Halbschwester meiner Mutter, schickte sogleich einen Mönch mit dieser unseligen Bothschaft an meinen Vater ab. Ich hatte unserer Familie einen doppelten Schand-

fleck angehangen, und sein Zorn darüber war
ohne Grenzen. Ich wurde herbeigerufen, im
ersten Eifer derbe abgeprügelt, und hernach in
einen entlegenen Keller gesperrt. Hier führte
ich 21 Tage bei Wasser und Brod ein kümmer-
liches qualvolles Leben, bis endlich die Stunde
meiner Befreiung schlug.

Am 21ten Tage wurde mir zur gewöhnlichen
Zeit mein mageres Mahl gebracht. Der Brin-
ger desselben war der getreueste Knecht meines
Vaters, und eben um deßwillen zu meinem
Kerkermeister ausersehen. Schon oft hatte ich
es versucht, durch gute Worte von ihm meine
Freiheit zu erwirken, allein vergebens. Indessen hatte er mir erzählt, daß meine Mutter
beständig weinte, und meinem Vater unaufhör-
lich anläge, mich in Freiheit zu setzen; mein
Vater wolle aber von nichts hören, und seye
unerbittlich. Ich kannte den Starrsinn meines
Vaters, und gab nun alle Hoffnung auf, seine Verzeihung und meine Freiheit erhalten zu
können. Ich nahm mir vor, bei der ersten
Gelegenheit dasjenige mit Gewalt zu erzwingen, was gute Worte nicht erwirken konnten,

und eben heute zeigte sich diese erwünschte Gelegenheit.

Ich wußte, daß mein Vater und auch das ganze Hausgesinde noch zu Tische saß; und da der Knecht die Kellerthür, wie gewöhnlich, hinter sich offen gelassen hatte, so stieß ich ihn auf die Seite, und lief, was ich laufen konnte, den langen Gang hinauf, von wo eine Treppe auf den äussern Hofplatz führte. Ich hatte die Stiege noch nicht erreicht, als der Knecht mich wieder so fest angepackt hatte, daß ich die Unmöglichkeit entwischen zu können nur zu gut fühlte. Ich ergriff in dieser Verwirrung mein Weidemesser, und gab ihm einige Stiche, wovon er zu Boden sank. — Zum Glück ist er, wie ich nachher bei meiner Wiederkunft erfuhr, nicht tödtlich verwundet worden, und hat noch mehrere Jahre gelebt; ich glaubte ihn aber todt, und eilte, was ich konnte, der Gerechtigkeit zu entfliehen.

Abends kam ich in einem Dorfe an, wo ich meine Kleider gegen eine Bauerntracht vertauschte, und in derselben Nacht noch meinen Weg, ohne zu wissen wohin? weiter fortsetzte.

So kam ich durch vielerlei Umwege am sechsten Tage in Kölln an; ich bettelte mir so viel zusammen, daß ich auf einem Schiffe, welches man dort einen Bock a) nennt, nach Mainz fahren konnte. Ich verweilte hier einige Zeit, und bettelte wieder etwas zusammen, wovon ich mich kümmerlich ernähren konnte; da ich aber Mainz meiner Heimath noch zu nahe glaubte, gieng ich bis Strasburg hinauf, und hatte mir fest vorgenommen, dort etwas anzufangen, wodurch ich mir Lebensunterhalt verschaffen könnte.

Ich war schon einige Tage in Strasburg betteln gegangen, als mir ein an die Fensterladen eines schönen Hauses ausgehängter Zettel in die Augen fiel. Ich sah mit Freuden daraus, daß der Besitzer dieses schönen Hauses einen Bedienten suchte. Ich meldete mich sogleich, und wurde unter dem falschen Namen Heinrich Gerau aus Kölln wirklich in Dienste genommen. Mein neuer Herr war Wittwer,

---

a) Quam *Hircum* vocant Colonienses steht im Original. So viel ich weiß, ist diese Art Schiffe auf dem Rheine nicht mehr gebräuchlich.

aber sehr reich, und nannte sich Litzau (Litzavius). Er war nebstdem Bürgermeister, und stand in großem Ansehen, ob er gleich nicht schreiben konnte b). Ich konnte hingegen desto besser schreiben, und gewann dadurch bald seine ganze Zuneigung, so, daß er mich nach einigen Monaten zu allen seinen Geschäften brauchte, und einen andern minder geschickten jungen Menschen aus seinem Dienst entließ. Er vermehrte meinen Jahrlohn ansehnlich, und gab mir fast wochentlich Geschenke, die ich im Ganzen höher als meinen Jahrlohn rechnen konnte. Diese Freigebigkeit setzte mich in den Stand, meine lüderliche Lebensart wieder anfangen zu können. Da ich des Morgens meine Geschäfte mit Gemächlichkeit verrichten konnte, und in allem ziemlich pünktlich war; so wurden mir meine Nachtsschwärmereyen zu gute gehalten. Kurz ich wurde wieder so lüderlich, als ich nur werden konnte, und da ein Tauge-

---

b) Quanquam Litteras nesciret müßte eigentlich wohl übersetzt werden: ob er gleich nicht studirt hatte; allein da unmittelbar darauf folgt: Ego vero in *exarandis* Litteris expertissimus, so scheint doch der Verfasser das obige ausdrucken zu wollen.

nichts immer seines gleichen findet, so hatte ich stets einen ganzen Schwarm nichtsnütziger Menschen um mich, die auf meine Kosten behaglich mitlebten.

Unter diesen war ein Franzose, Namens Chené (Chæneus), der sich meine Freundschaft und Zuneigung vor allen andern erschmeichelt hatte. Er kostete mir viel, und ich gerieth sehr bald durch seine Freundschaft in Schulden, die ich ohngeachtet der Freigebigkeit meines Herrn nicht zu bezahlen im Stande war. Ein Laster folgt aus dem andern; ich kam bald in Verlegenheit, da mir keiner mehr borgen wollte, und gab daher dem teuflischen Rath des Chené Gehör, die Kassa meines Herrn anzugreifen. Ich nahm fürerst 20 Dukaten, und so vor und nach mehr, bis meinem Herrn endlich, so reich er auch war, der Kassendefekt in die Augen fiel. Der Verdacht dieses Diebstals fiel nicht auf mich; dann mein Herr trauete mir vollkommen, sondern auf eine Französinn, die kurz vor der Endeckung heimlich weggegangen, und den Dienst bei seinen Kindern plötzlich verlassen hatte. Ich wußte die Ursache ihrer heimlichen Entweichung besser, dann sie hatte sich von einem vermögenden Kaufmannssohn entführen lassen, dennoch bestärkte ich ihn in seinem Verdachte. Die Sache hatte viel wahrscheinliches, und auf mich fiel kein Schein eines Verdachtes; als er endlich erfuhr, daß sich die Französinn in Langres ihrer Vaterstadt aufhalten sollte. Der Bischof von Langres war von seiner verstorbenen Frau her, sein naher Anverwandter, und hatte ihm diese Person zur Gouvernantinn empfohlen. Er ließ also durch einen Kaufmann, der gut französisch konnte, an ihn schreiben: die ihm so dringend empfohlene Person habe ihn bestohlen, und da ihm bekannt, daß sie wieder in ihrer Vaterstadt seye, so mögte er sie nur sofort einziehen lassen.

Nun war in Strasburg für mich keine bleibende Stelle mehr. Der Französinn mußte es ein leichtes seyn, sich vertheidigen zu können, und dann fiel aller Verdacht in seiner ganzen Schwere auf mich zurück. Ich vertraute meine Verlegenheit dem Chené, der mit seinen bösen Rathschlägen sogleich wieder bei der Hand war. Das Resultat fiel endlich dahin aus: noch an diesem Abend die Kassa meines Herrn zu bestehlen, und damit über die Grenzen Deutschlands nach Paris zu fliehen.

Um diesen Vorsatz auszuführen, wurden Pferde vor dem Thor in Bereitschaft gehalten, die bei Zeiten herausgeführt, und an einem bestimmten Orte angebunden wurden. Ich gieng früher als gewöhnlich nach Haus, traf aber meinen Herrn noch auf; der viel mit mir über eine ihm wichtige Angelegenheit sprach, und sich endlich ruhig schlafen legte. Vor 11 Uhr konnte ich daher meinen Vorsatz nicht ausführen, indeß Chené vor der Hausthür lauerte, und bereits an einem glücklichen Erfolge verzweifelt hatte. Endlich erschien ich, und da mir die Last zu schwer war, gab ich ihm über die Hälfte der geraubten Beutels ab, um sie bis zum bestimmten Orte zu tragen. Aus Vorsorge nicht ertappt zu werden, dann es war eine helle Nacht, wählten wir verschiedene Wege, wovon ich den weitesten zu machen hatte. Dem ungeachtet war ich früher bei den Pferden, und erwartete meinen Kamerad noch über 2 Stunden, allein er kam nicht. Nun merkt ich zu spät, daß er mich überlistet, und es nicht auf meine Diskretion ankommen lassen wollte, wie viel ich ihm von der Beute mitgeben würde. Sein Ausbleiben konnte mir nun nicht mehr zweifelhaft scheinen; ich mußte also meiner eigenen Sicherheit wegen mit dem Anbruch des Tages fortreiten, um so schnell als möglich über die Grenze zu kommen.

Ich nahm meinen Weg grade auf Paris, wo ich mir prächtige Kleider kaufte, und sehr viel aufgehen ließ. Ich fand hier freies Feld für meine lüderliche Lebensart, aber in einem halben Jahre war auch alles verzehrt, was mir Chené von meinem Raube noch gelassen hatte. Ich war wieder in die elendesten Umstände versetzt, als ein spanischer Graf einen deutschen Bedienten suchte, der mit ihm nach Ofen reisen sollte. Ich erboth mich dazu, und wurde angenommen. Mein neuer Herr war sehr reich, und hatte 14 Personen in seinem Gefolge, mit diesen reisten wir im Frühjahr von Paris an das Hoflager Königs Ludwig nach Ungarn ab. In Ofen fieng meine vorige Lebensart wieder an, allein mein Herz
war

war damit nicht aufgeschickt, und jagte mich nach drei Wochen aus seinen Diensten. — Nun saß ich in einem fremden Lande ohne alle Hülfsquellen allein, und war wirklich in die elendesten Umstände versetzt. Ich suchte wieder als Bedienter oder Schreiber unterzukommen, aber vergebens, und so wurde ich endlich genöthiget, Kriegsdienste zu nehmen.

Ich lag eben in Belgrad, als im Jahr 1521 der Sultan Solimann mit einem Heere vor den Mauern dieser Festung erschien. Unsere Verlegenheit war aufs äusserste gestiegen, da wir auf eine Belagerung durchaus nicht vorbereitet waren. Es fehlte an allem, und wir hatten nicht einmal Zeit, uns mit den nothwendigsten Kriegsbedürfnissen zu versehen. Drei oder vier Wochen hatten uns die Türken schon belagert, als ich von innen bemerkte, daß sie von unsrer Festung keine richtige Kenntniß hatten; indem sie ihre Arbeiten viel kürzer und zweckmäßiger hätten einrichten können. Ich faßte den Endschluß, zu ihnen überzugehen, die Festung zu verrathen, und auf diese Weise mein Glück zu machen. Gleich darauf

J

zeigte sich eine erwünschte Gelegenheit, meinen Vorsatz auszuführen. Der Kommandant wollte ein geheimes Schreiben an König Ludwig bestellt haben, und da ich etwas witziger und geschliffener als meine Kameraden war, so wurde ich zu desselben Ueberbringer ausersehen. Der Brief wurde stückweise in meine Kleider genäht, und ich gieng am Ende des Julius oder Anfangs August Abends aus der Festung.

Kaum hatte ich die Wachen hinter mir, als ich mich zu den Türken wandte, und Morgens 2 Uhr schon im Hauptquartier war. Solimann war eben selbst gegenwärtig, und da der Großvezier wider alle Gewohnheit der Türken, die fremde Sprachen zu vernachläßigen pflegen, etwas französisch konnte; so wurde ich ohne Dollmetscher mit ihm fertig. Ich schnitt den Brief aus meinen Kleidern, der auf eine abzuschickende Armee zum Entsatze Bezug hatte, und übersetzte ihn nicht nur, sondern stattete ihm auch vom kläglichen Zustande der Festung den ausführlichsten Bericht ab.

Man nahm mich mit Freuden auf, ich wurde Türke, und bald hernach bei den Janitſcharen als Offizier angeſtellt e). In wenigen Tagen waren wir Herren der Feſtung, und ich mußte zurückmarſchiren, um Egypten, worauf es Solimann beſonders angeſehen hatte, unterjochen zu helfen. Wir hatten einen weiten und beſchwerlichen Marſch, bis wir in die Gegend von Aleppo (Alepetum) kamen, wo wir Halt machen mußten. In dieſer Gegend ſtanden wir etwan 14 Tage, als die Sache wahrſcheinlich ausgeglichen war, und wir Ordre zum Rückmarſche erhielten. Wir zogen uns längſt der Seeküſte hin, auf einem andern Wege wieder zurück, und kamen in der Gegend von Smirna an. Ich gieng in die Stadt, und wurde von einem türkiſchen Kaufmann, deſſen Vater ein Spanier und Renegat geweſen war, freundſchaftlich aufgenommen. Wir wurden gleich genau bekannt zuſammen, er both mir einen Theil ſeiner Handlung und ſeine Tochter zur Ehe an, wenn ich bleiben, und ihm ſei-

---

e) Peditum prætorianorum Officialis inferior ſteht im Original. Ich überſetze dieſe Stelle in Janitſcharen Offizier, andere, die ich darum befrug, glaubten, ſie müſſe in Unteroffizier der Leibwache überſetzt werden.

ne Geschäfte, besonders mit französischen Kaufleuten treiben wollte. Ich bedachte mich nicht lange, nahm das Anerbieten an, und heirathete seine Tochter.

Ich lebte einige Jahre in einer sehr vergnügten Ehe, und hatte 2 Buben erzielt, als ich eine fürs Serail irgend eines Baffen geraubte Französinn zu meinem Kebsweibe nahm. Diese war sehr schön und von vornehmen Aeltern, die in Bretagne ansehnliche Landgüter besaßen. Ich liebte sie sehr, und wurde gegen meine erste Gemahlinn mit jedem Tage gleichgültiger. Sie starb endlich im Jahr 1534 d), und ich war dem Gesetze gemäß genöthiget, mit Zurücklassung meiner beiden Söhne in ihrem großväterlichen Hause, mich selbst zu etabliren. Mein Antheil an der bisherigen gemeinschaftlichen Handlung wurde mir zum Theil ausbezahlt, worauf ich für gut fand, ein nahe am Hafen belegenes Wirthshaus zu miethen, wo die nach Smirna handelnden europäischen

---

d) Eine lange aber durchaus nicht interessante Episode, die sich auf türkische Gesetze, und den Betrug eines spanischen Schiffskapitains bezieht, lasse ich hinweg.

Nationen häufig einzukehren pflegten. Meine Frau, die mein Mißvergnügen, und die Gewissensbisse, die mich seit einigen Jahren quälten, wohl kannte, suchte mich täglich zu überreden, mit der ersten besten Gelegenheit mit ihr in Frankreich zurückzukehren. Ich fieng in vollem Ernste an, mein bisheriges Leben zu verabscheuen, und sehnte mich in den Schooß der christlichen Kirche zurück. Da meine Glücksgüter meist in Baarschaften bestanden; so konnte ich, ohne besonderes Aufsehen, zu Schiffe gehen, wann ich wollte. Es kam endlich ein französisches Schiff, worauf ich für mich, meine Frau und eine Sklavinn Platz akkordirte, meine Habseligkeiten zusammenpackte, und im Junius 1537 von Smirna fuhr.

Ehe ich abfuhr, gieng ich noch einmal zu meinen Söhnen, wovon der älteste Namens Azip-Harrab ohngefehr 14 Jahr alt war. Ich hinterließ diesem ein Kästchen, worin verschiedene Kostbarkeiten, eine lateinische Beschreibung meines Lebens, und meine künftige Adresse war.

Unsere Seereise hatte nichts merkwürdiges.

alles war uns günstig, und wir langten bald in Toulon an. Von hier aus schrieb meine Frau an ihre Aeltern, die sich herzlich freueten, sie wiedergefunden zu haben, indem sie fest geglaubt, daß sie im Hafen zu Brest versunken seye; eigentlich aber hatte sie dort ein niederländischer Schiffskapitain (Nauta batavus) auf einem Spaziergange am Hafen gestohlen und mit sich fortgeschleppt. In Toulon nahm ich die gottesschänderisch verlassene Religion meiner Väter wieder an, nachdem ich vom Bischof Dispensation und Absolution erhalten hatte, ließ mich dem Gebrauche der Kirche gemäß trauen, und reiste mit meiner Frau zu ihren Aeltern ab. Wir wurden hier sehr gut aufgenommen, und bewohnten mehrere Jahre ein beträchtliches Landgut, welches sie uns gegeben hatten; bis endlich meine Frau, die schon seit einigen Jahren kränklich gewesen war, an der Auszehrung starb. Nun konnte ich dem Reize, mein Vaterland wiederzusehen, nicht länger widerstehen, da mich nichts mehr an einen fremden Boden fesselte. Ich verkaufte mit Bewilligung meiner Schwiegerältern das Gut an ihren Sohn, meinen Schwager, um einen ganz niedrigen Preis, bezahlte der Tochter meines ehemaligen Herrn in Straßburg, denn er war inzwischen gestorben, die gestohlne Summe wieder, und reiste nach Westpfalen ab.

Nun sitze ich hier in der Abtey Liesborn (abbatia Ulisbornensis), und büße durch Abtödtung des Fleisches mein sündiges Leben ab, das Gott lange zu meiner Abtödtung fristen wolle.

Geendiget 1563.

VII.

Geschlechtsnachrichten
der
Familie
von Donop.

Vom Herrn Hofmarschall Freiherrn v. Donop in Detmold.

Das unter dem Namen von Donop bekannte Geschlecht, ist in Absicht seines Adels, eins mit der ältesten in Westphalen; dessen Ritterbürtigkeit im hohen deutschen und andern Orden, in den Domstiftern Paderborn, Hildesheim, Münster, Osnabrück, Strasburg, Passau, Speier, Fulda u. a., so in ältern als auch neuern Zeiten, anerkannt worden. Die verschiedenen Glieder desselben, vom dreizehnten bis zum sechszehnten Jahrhundert, schrieben sich nach und nach: Donup, Donepe, Donep, Donowe, Donpe, Donope, je nachdem der eine in der Schreibkunde weniger bewandert war als der andere. Wie sie ihren Namen aber, noch früher hin, etwa im zwölften Jahrhundert, in welchem bekanntlich zuerst erbliche Geschlechtsnamen allgemein angenommen wurden, schriftlich ausdrückten, davon findet man eben so wenig einige Ueberbleibsel, als Nachricht von dem eigentlichen Ursprunge des Adels des ersten Ahnvaters und der Veranlassung dazu. Eine bloße Ueberlieferung nur, zeigt uns an: daß dieser Stammvater einen Haufen Krieger, zur Bestürmung irgend eines Thurms oder einer Burg angeführt, den Untergebenen dabei zur Aufmunterung wiederhohlt: doh'nup! (da hinauf!) zugerufen, und so die Veste, vermöge der Steighaken, erstiegen und erobert habe. Zur Belohnung dieser tapfern That, sey ihm der Adel zu Theil geworden, und um das Andenken an jenen zu erhalten, hätten die Nachkommen sich die Worte Doh'nup, oder kürzer Donup! zum Stammnamen, so wie späterhin, als man auch erbliche Wapen einführte, aus den Werkzeugen und Gegenständen derselben, ihr Geschlechtswapen, so wie es oben abgebildet steht, und am Ende dieses Aufsatzes beschrieben wird, geformt.

Eine Urkunde vom Jahr 1227, die zugleich von dem schon damaligen Ansehen eines der Ahnenväter zeuget, findet sich in des kuhrpfälzischen Hofraths und Bibliothekars Andreas Lamey diplomatischen Geschichte der alten Grafen von Ravensberg, Manheim 1779, in dem dabei befindlichen Codice diplomatico, Nro XIII. In selbiger wird Johann von Donepe als einer der Ritter angeführt, welche sich für die Grafen, Gebrüder Volkwin und Adolph zu Schwalenberg, bei dem Bischofe Wilbrand zu Paderborn verbürgten. So waren die von Donop auch von Erbauung des vormaligen gräflich Lippischen alten Residenzschlosses Blomberg an, Erbburgmänner auf selbigem, und sollen die Gebrüder Anton und Christoph von Donope, Stifter der noch blühenden beiden Hauptäste des Geschlechts, im Jahr 1548 vom Kaiser Karl V. einen Schutzbrief, mit Anerkennung der freiherrlichen Würde erhalten, und diese von sämmtlichen Nachkommen, in der Person des Geschlechtsältesten, Levin Christoph von Donop, Domprobsten zu Strasburg, Domherrn zu Hildesheim ꝛc. von kaiserlicher Majestät bestätigt worden seyn. In diesem Jahrhundert erhielten zwei Glieder aus den Wöbbelschen und Lüdershofer Zweigen auch den Grafenstand; allein beide giengen, ohne eheliche Erben zu hinterlassen, wieder aus.

Die Stammhäuser **Altendonop** und **Lüdershofen**, welche vor dem vierzehnten Jahrhundert, unter dem Namen der Burg-Donup, zwischen den jetzigen Dörfen Kirchdonop und Altendonop, wo der Platz noch die Borgstie (Burgstelle) genannt wird, gelegen, ungetheilt beisammen, wiewohl sie von mehrern gemeinschaftlich besessen waren, so wie die Rittersitze Maspe, Blomberg, Wöbbel, Entorf, Schötmar, Silbach, Brokschmidt, in Detmold und zu Masbruch im Lippeschen, Himmighausen, Erpentrup und Langeland im Hochstift Paderborn, Heiligenrode und Niederndorf in Hessen, und Wittenmohr in der Altemark Brandenburg, werden jetzt noch von diesem zahlreichen Geschlechte besessen. Der Aelteste desselben empfängt Namens aller Glieder, die Gesammtbelehnungen von den verschiedenen Lehnhöfen zu Cassel, Paderborn, Münster, Detmold, den Abteien Herford und Abdinghof, mit den Gütern Donop, Wöbbel, Masbruch, den einzelnen Stücken bei Ludershofen und Maspe, und ertheilt eben so Afterlehne, der Stadt Blomberg und dem adelichen Geschlecht von Lossberg wieder aus.

Der Erste, von welchem man mit Gewißheit eine ununterbrochene Abkunft herleiten kann, ist:

I. **Lambert von Donepe.** Man weiß von ihm, daß er in den Jahren 1240 und 1260 lebte, und seinen eigentlichen Wohnsitz in dem noch von ihm sogenannten Lambertsbusche bei Ludershofen, einen noch dahin gehörigen Eichenwäldchen gehabt a), auch ausserdem noch Güter zu Donop, um Lemgo und sonst im Lippeschen Lande besessen habe. Ob er ein Sohn oder Vetter des vorgedachten Ritters Johann gewesen, bleibt unentschieden. Wahrscheinlich hatte letzterer einen Sohn gleiches Namens;

---

a) Zedlers Universal-Lexicon, Theil VII. Seite 1286.

denn in einer im Kloster Marienfeld aufbewahrten Urkunde Grafens Heinrich von Sternberg, d. J. 1252, wird eines Jehannes de Donepe als Zeuge gedacht.

Lamberts ältester Sohn hieß Hermann, der wieder Vater eines andern, auch Hermann genannt (Knape), welcher im J. 1330 und 1345, aber doch nur unbeerbt lebte, und wahrscheinlich auch des Gerhard von Donowe (Knapen) war, dem Graf Otto zu Ravensberg, 1316, für 38 Mark Bielefelder Denarien, die er ihm aus einer wichtigen und gültigen Ursache zu bezahlen schuldig, das Woregeld in der alten Altstadt Bielefeld, die Untermühle, nebst der in Broudenove gelegenen Mühle versetzte b), und der nur eine Tochter mit seiner Hausfrau Sophie Elisabeth genannt, nachließ; die als Edeljungfrau bei der Gemahlinn Grafens Otto zu Ravensberg 1312, gegen Jütta, Tochter des Ritters Eggehard von Lodern, Edeljungfrau bei des Grafen

---

b) Lamey Diplom. Geschichte der alten Grafen von Ravensberg, Urkunde Nro 86.

Otto von Tecklenburg Gemahlinn, sich vertauschte c).

Der jüngere Sohn Lamberts, hieß:

II. Lüder von Donepe. Dieser ererbte an dem Ertrage der Stammgüter, seinen Antheil nach damaligen Herkommen, nach welchem sie noch immer in Gemeinschaft blieben, und verlegte im Anfang des vierzehnten Jahrhunderts den väterlichen Wohnsitz, aus dem Lambertsbusche heraus, etwas mehr ins Freie, und benannte dann den neuen, nun der eigentlichen alten Stammburg um so viel näher gelegenen Rittersitz, nach sich: Lüdershowe d). In der Folge: Lüdershofen, Lüdershöfen, Lüdershof! Sein einziger Sohn:

III. Hermann von Donope (Knape) zu Donope, gab 1337 seinem Vetter Hermann einige leibeigene Leute ab, lebte auch noch 1355, und ward Vater von vier Kindern. Sie waren:

1. Gerhard (Knape), welcher 1368 den halben Hof zu Dalbern an die von Kaldendorp versetzte, und in der Begräbnißkirche der lippe-

---

c) Lamey Dipl. Gesch. der alten Grafen von Ravensberg, Urkunde Nro 80.
d) Zedlers Universal-Lexicon.

schen Landesherren zu Willebasen bei Blomberg begraben worden; 2. Lüder (Knape), Erbburgmann zu Blomberg, der die Höfe zu Dalbern 1393 seinem Neffen Johann im Pfand gab, weil dieser sich für seine Gefangenschaft bei Hugo von dem Werder verbürgt hatte, und wofür ihn 1403 der Edelherr Simon zur Lippe mit dem Zehnten zum Sternberge schadlos hielt; 1405 brachte er noch zu dem Burglehn zu Blomberg den halben Zehnten zu Oldendorp von Johann de Holtgreve an sich, und schenkte 1408 der Kirche zu Willebasen das Streitfeld. Dieses Lüders Hausfrau hieß mit dem Taufnamen Stenseke, und war Mutter vom Ludolf, welcher 1425 lebte, und Hermannen zu Donope und in Lemgo nachließ, der 1426 vom Bischof zu Münster die Belehnung empfieng, und mit einem einzigen Sohn Johann genannt, der, indem er auf die Jagd reiten wollen, 1450 zu Lemgo unter der Osterpforte mit bei sich gehabten Jagdhunden unter den Mastschweinen ins Gedränge gekommen, und von diesen zerrissen worden, seinen Mannsstamm beschloß; 3. Lucia, welche wider den

Willen ihrer Aeltern 1346 in das Frebelshei-
mer Kloster gieng e), und

IV. Johann von Donope zu Maspe, Erbburgmann zu Blomberg. Dieser ward 1384
vom Bischof Heidenreich zu Münster mit Donope
Dalbern belehnet, und vermachte 1429 der Begräbnißkirche zu Willebasen ein Stück Land am
Niederteiche zu Maspe. Er hatte zwei Söhne.
Der erste, Johann, bewohnte 1393 seinen
Hof in Blomberg, starb aber ohne Erben,
und der andere:

V. Heinrich von Donope zu Maspe und
Blomberg, Erbburgmann dahier ꝛc., ward 1425
vom Grafen Ehrich zu Holstein-Schaumburg mit
den Zehnten von Brüntrup belehnet. Er er-
reichte ein hohes Alter, und hinterließ:

VI. Johann von Donope zu Maspe, Erbsasse und Erbburgmann zu Blomberg. Dieser
machte 1429 der Kirche zu Willebasen eine
Schenkung, zu Erhaltung einer ewigen Lampe,
und lebte in der Ehe, zuerst mit Margarete
von

---

e) Annal. Corbei. adh. apud *Leibnitz* Script.
Rer. Brunsv. T. 2. P. 314.

von Wendhausen, welche ihm eine Tochter, auch Margarete genannt, die dem Simon von Exterde zu Herberhausen bestattet wurde, und den Heinrich, Miterbsassen zu Maspe und in Blomberg, zur Welt brachte. Dieser hatte einen Sohn: Gottschalk, welcher 1495 die Begräbnißkirche zu Willebasen, so wie seine Vorfahren beschenkte, und so wie sie, als Eigenthümer des dazu gehörigen St. Antons- und St. Katharinenlehn, auf dessen Altar die Präsentation verrichtete; ferner mit seiner Hausfrau: Willen von Exterde, 1) den Ehrich von Donepe zu Maspe, Erbburgmann und Erbsasse zu Blomberg, und 2) den Heinrich von Donepe, der unbeerbt starb, nachließ. Ehrich hingegen hatte, nachdem er und sein Bruder 1527 ihren Antheil an den Gütern zu Donepe und Dalbern, nämlich die Höfe in Oldendonope und Dalborn, den Lübberg, Bottenberg und Haukedahl, die sämmtlichen Donoper rauhe Zehnten, jedoch ausbeschieden, die gemeinschaftlich bleiben sollten, ihren Vettern, den Gebrüdern Bruno, Tönnies, Christoph und Martin von Donupe, käuflich abgetreten, und eben so wieder von diesen, den ihrigen an den maspeschen Gütern erhalten, sich mit Lucka von Querenheim aus Behme verheirathet, und mit ihr: a) Gottschalken zu Maspe in Lemgo, Erbsasse und Burgmann zu Blomberg, der mit Johanna von dem Born, bei seinem am 12. Oct. 1580 erfolgtem Tode, ohne Kinder blieb; b) Annen, verehelicht mit Heinrich von Amelunxen und Christophern, Erben der väterlichen Güter, der 1587 als Hagestolz noch lebte, und so auch starb, erzeuget.

Indeß hatte Johann von Donepe, nach dem Tode der von Wendhausen, sich zum andernmal dem Bande der Ehe geweihet mit Catharine, Tochter des Johann von und zu Brockhausen im Korveyischen, und mit ihr den Stammhalter des ganzen heutigen Geschlechts:

VII. Bruno von Donope zur Welt gebracht. Dieser besaß Maspe und Blomberg mit seinem ältern Bruder zu gleichen Theilen, das Gut Borkhausen aber kaufte er 1495 von denen de Wendt an sich, und empfieng es von dem

Lippeschen Hause und der Abtei Korvey zu Lehne f). Er diente dem herzoglichen Hause Braunschweig als Großvogd zum Calenberge, hatte sich ehelich verbunden mit der siebenzehnjährigen Wittwe des Ritters Albrecht von Hoimb, Lucia von Ditfort aus Wegeleben im Halberstädtischen, und hinterließ mit ihr, bei seinem 1511 zu Burg Gleichen am Harz erfolgtem plötzlichen Ableben: 1) Hans zu Borkhausen, der, nachdem er die Kirche zu Willebasen herkömmlich beschenkt, und 1526 sein Patronatrecht daselbst ausgeübt hatte, ohne Kinder in einem Alter von 40 Jahren verschied; 2) Bruno zu Donope, welcher mit Catharina von Wessentorp, genannt Thoren, sich verheirathete, und mit ihr wieder in den Besitz des Hauses Oldendonope gelangte, welches Hermann von Donope, nach dem unglücklichen Verlust seines einzigen Sohnes Johann, im beinahe 80jährigen Versatz, bei seiner beider Töchter Erben gebracht hatte. Zu Münster ward er auch 1524 aufs neue damit belehnt. Er hinterließ

---

f) *Falk.* Tradit. Corbei. P. 667.

bei seinem 1529 zu Oldendonope erfolgtem Tode zwei Söhne: a) den Franz, welcher zwar mit Metta von Oberg in der Ehe lebte, jedoch bei seinem am 11. Jun. 1586 geschehenem Ableben ohne Kinder blieb; und b) den Reineke, der, nachdem er zwischen seinen Gevettern, wegen Gleichstellung der Einkünfte von Wöbbel und Borkhausen, 1570 einen Vergleich gestiftet hatte, früher noch als sein Bruder auch unbeerbt starb; 3) Anton von Donope (von dem unten, s. erster Hauptast, Nro VIII); 4) Anna, welche den Menzo von und zu Stockheimb ehelichte; 5) Christoph von Donope der Aeltere (wovon unten, s. zweiter Hauptast, Nro VIII); 6) Petronelle, die sich mit Johann von Mengersen zu Rhedar verheirathete; 7) Catharina, als Priorinn zu St. Maria in Lemgo 1575 im 75ten Jahr ihres Alters gestorben; 8) Martin, der 1553 noch lebte, aber auf einer Reise nach Engelland verschied, und 9) Agnese, welche als Nonne zu Gehrden 1571 die Welt verließ.

Erster Hauptast.

VIII. Anton von Donope zu Donope, Masbruch ꝛc. Pfandinhaber der herrschaftlichen Häuser Wöbbel und Horn, auch Droste des zu letzterm gehörigem Amte im Lippeschen, ward gebohren 1501. Graf Bernhard zur Lippe überließ ihm 1550 das Gut Wöbbel in Pfandschaft, und er setzte es mit Barkhausen in ganz gleiche Theile, wonach er dieses seinem Bruder Christoph allein überließ.

Antons Gattinn war: Anna, Tochter des N. von Wurmb und der N. von Bartensleben aus Wolfsburg. Er ward durch sie Stammvater des ersten, oder auch oft sogenannten antonischen Hauptastes g); welcher nun vier Hauptzweige in sich begreift: den Altendonoper, den Steveringer, den Wöbbelschen und den Lübershofer.

Er wurde 82 Jahr alt, und seine neun Kinder aus jener Ehe waren: 1) Dorothee, Gattinn des Jeremias von Hacke zu Ohr; 2)

---

g) Zedlers Universallexicon. Hamelmann, S. 822.

Margarete, verehlicht mit Hans von Wallenstein; 3) Gabriel (s. Nro IX); 4) Anton, geblieben in der Schlacht auf der Mokerheide; 5. Dietrich, gestorben in einem Feldzuge gegen die Franzosen; 6) Justine, vermählt mit dem hessischen Hofmarschall Ekkebrecht von der Malsburg; 7) Simon, so wie sein Bruder auf der Mokerheide geblieben; 8) Martin zu Donop, welcher 1602 mit Anna von Grappendorf aus Schuckemühlen in der Ehe lebte, und einen Sohn, Hans genannt, erzeuget hatte, der aber ledigen Standes die Welt verließ, und endlich 9) Ermegard, mit Stephan von Brae im Embslande verheirathet.

IX. Gabriel von Donop — anfänglich auch noch Donope — zu Donop, Wöbbel und Maßbruch, war nach und nach Droste zu Pirmont, Hofmeister bei dem Herzoge Julius zu Braunschweig, und endlich Großvogd zu Zelle. Graf Simon VI. zur Lippe, trat ihm Wöbbel, welches sein Vater nur pfandsweise erhalten hatte, erblich ab, und ertheilte ihm und dem ganzen donopschen Geschlechte 1584 darüber die Belehnung.

Vermählt war er mit Margarete, Levins von Oberg zu Dudenstädt und Sophien von Reden aus Ovelgünne Tochter, einer reichen Erbinn, mit der er, wie er 1599 starb, zurückließ: 1) Levin (s. Nro X); 2) Sophie, verehelicht mit Heinrich von Deynhausen zu Eichholz, und 3) Gabriel zu Rassen=Erfurt in Hessen, landgräflicher Kammerjunker und Stallmeister. Am 10. Febr. 1594 vermählte er sich mit großer Feierlichkeit zu Cassel bei Hofe, mit der Tochter des dortigen vom Landgrafen sehr geschätzten Kommandanten, Obristen Johann von Rolshausen, wozu sogar Reichsstände, und unter andern der Graf Simon der Ältere zur Lippe eingeladen wurden h). Im J. 1603 erhielt er das fürstliche Kloster und zugehörige Dorf Lippoldsberg von dem Landgrafen in Versatz bis 1633 l), auch eine Anwartschaft auf die Herrschaft Auburg im Schaumburgischen; doch da er ohne

---

h) Die Originalschreiben hierüber sind noch im fürstlichen Archiv zu Detmold.

l) Martin Tipographisch statistische Nachrichten von Niederhessen, 2. Band, Seite 228.

Kinder blieb: so hatte dieses alles auch für seine Anverwandten wenig Nutzen. Er stiftete nur noch für diese ein Stipendium für Studirende zu Marburg, welches denn auch noch besteht. Das hessische Lehngut Nassenerfurt kam nach seinem Tode an das Geschlecht von Baumbach.

X. **Levin von Donop zu Altendonop, Lüdershof, Wöbbel und Masbruch**, ward gebohren 1567, studirte auf mehreren hohen Schulen, und trat in hessen-cassselsche Dienste als Kammerjunker und Kanzleirath, wurde auch in der Folge noch daselbst geheimer Rath k), und war es auch zugleich, so wie Landdrost der ganzen Grafschaft im Lippeschen; so, daß beide Landesherren sich in seinen Verdiensten gleichsam theilten; wie darüber noch ein Briefwechsel zwischen ihnen im Archiv zu Detmold aufbewahret wird.

Das Haus **Lüdershof**, nebst allen dazu gehörigen Erbgütern, hatten die von Osten, schon länger als ein Jahrhundert, man weiß nicht wie, von einem der donopschen Vorfahren an sich gebracht. Levin kaufte alles 1618 von

---

k) Zedlers Universallexicon.

dem Drosten Rabe von Often wieder zurück, und nahm 1620 mit gerichtlicher Beihülfe Besitz davon.

Im Jahr 1606 hatte er sich mit Lucie Magdalene, und wie diese d. 16. Aug. 1622 starb, mit ihrer Schwester Anna Maria, des Tönnies Wolf von Haxthausen zu Tienshausen, und der Anna Maria von Oeynhausen aus Grevenburg Töchter vermählt. Er starb 1661, nachdem er vorher schon die Güter in zwei Haupttheile unter seine vier Söhne dergestalt vertheilt hatte: daß Altendonop, Lüdershof und Masbruch für einen, und Wöbbel für den andern Theil gelten, und zu jedem ausschließlich zwei Söhne, wenn gleich nur ein eigentlicher Besitzer gehören sollten. So erhielten der älteste und jüngste Sohn jene alten Stammgüter, und der zweite und dritte das Haus Wöbbel.

Seine nachgebliebenen Kinder erster Ehe waren: 1) Anton Gabriel (s. Altendonoper Hauptzweig, Nro XI); 2) Anna Catharine, vermählt mit Rabe Wolf von der Lippe zu Winsebeck, und dadurch Aeltermutter des

Fürsten Wilhelm Anton zu Paderborn. Sie starb den 28. Apr. 1677, und zeuget ihr Grabstein in der Kirche zu Vinsebeck, so wie der jenes Fürsten mit dem Donoper Wapen im Dom zu Paderborn, von gedachter Abkunft; 3) Heinrich Bruno (s. Steveringische Hauptzweig, Nro XI); 4. Simon Moritz (s. Wöbbelsche Hauptzweig, Nro XI); 5. Levin Ernst (s. Lüdershofer Hauptzweig, Nro XI), und 6) Magdalene Margarete, d. 19. Febr. 1624 mit Hermann Berend von Schilder zu Himmighausen ꝛc. verheirathet, und 1681 gestorben. Eine einzige Tochter Levins zweiter Ehe hieß Susanna, und wurde dem Friedrich von Boyneburg genannt Hohenstein zur Ehe gegeben.

Alten-Donoper Hauptzweig.

XI. Anton Gabriel v. Donop zu Alten-Donop, hessen-casselscher Hofmarschall 1), gab Lüdershof und Masbruch, weil er sich über den alleinigen Besitz der Güter mit seinem ihm zugetheilten Bruder Levin Ernst nicht vertragen konnte, diesem 1678, nachdem sie mit Altendo-

---

1) Gauhes Adels-Lexicon., 1. T. S. 444.

nop in gleiche Theile gesetzt worden, förmlich ab; bis auf die Donoper rauhe Zehnten, beide Mühlen in Kirchdonop, Jagd und Fischerei, welche in Gemeinschaft blieben, und es, bis auf letztere nach, noch sind. Seine erstere Gemahlinn war: Catharine Elisabeth von Exterde, und die andere: Maria Elisabeth Bock von Wülfingen aus Bockerode. Von sechs Kindern erster Ehe erwuchsen nur allein zwei Töchter, wovon die eine dem Dänischen Obristen Lamsdorf, und die andere einem von Lindau zu Spangenberg in Hessen zu Theil wurden; und so hinterblieben aus letzterer bei seinem Ableben am 7. Aug. 1682: 1) Johann Moriz (s. Nro XII); 2) Friedrich Philipp, königlich dänischer Brigadier und Obrist über ein Regiment zu Fuß m), welcher zwei Söhne, Ferdinand Wilhelm und Johann Friedrich genannt, nachließ; 3) Simon Heinrich, der als dänischer Generalmajor, Obrist über ein Regiment Reuter, Amtmann zu Antwortskon und Corsoer n), auch als Geschlechtsältester d. 14. Oct. 1727 im

---

m) n) Gauhes Adelslexicon.

Schloſſe Antwortskon auf der Inſel Seeland
ſtarb; 4) Hermann Julius Ernſt, Major
in däniſchen Dienſten und Kommandant der
Hitlerſchanze o), vermählt mit Maria Sophie von Wülffen, und Vater von einem
Sohn, Anton Johann genannt; 5) Johann Hilmer, däniſcher Obriſtlieutenant,
welcher zwar mit Margarete Chriſtine von
und aus Urf in der Ehe lebte, aber dennoch
ohne Kinder blieb.

XII. Johann Moriz zu Altenbonop, lippe-
ſcher Hofrichter und Droſt zu Schwalenberg,
Oldenburg und Stoppelberg. Bei irgend einer
Gelegenheit erhielt er den preußiſchen Orden de
la Generoſite, der damals wohl nicht ſo gäng
und gäbe war, als in der Folge. Vermählt
hatte er ſich mit Wilhelmine Rebekke von
dem Werder aus Rensdorf, und damit bei
ſeinem 1713 erfolgtem Tode zwei Töchter und
einen Sohn hinterlaſſen: Juliana Victo-
ria, verehelicht mit einem von Ilten im
Hannöverſchen; Erneſtine Amalia, als

---

o) Gauhes Adelslexicon.

Stiftsfräulein in Lemgo den 5. März 1779, 90 Jahr alt, gestorben, und:

XIII. Anton Georg Casimir Moriz zu Altendonop, Drost zu Schwalenberg, Oldenburg und Stoppelberg, geb. 1696, vermählt mit Juliane Auguste von Schaurodt aus Sachsen, und mit ihr in einer Stunde den 29. Apr. 1729 zu Donop gestorben. Die nachgebliebenen Kinder waren: Charlotte Wilhelmine Amalia, welche d. 28. Decemb. 1723 gebohren, und als Dichterinn sich bekannt gemacht hat; weshalb sie 1749 von der königlich deutschen Gesellschaft zu Göttingen, als Mitglied aufgenommen, und der Lorbeerkranz ihr zu Theil geworden ist. Sie lebt noch in Lemgo nebst ihren Bruder:

XIV. Bernhard Christoph Julius Moriz zu Altendonop. Dieser ist d. 2. Jul. 1728 gebohren, studirte in Marburg und Rinteln, und lebt seitdem im unverehelichtem Stande, und ohne ein öffentliches Amt zu verwalten, von seinen guten Renten

Steveringischer Hauptzweig.

XI. Heinrich Bruno von Donop zu Steveringen oder Stedefründ, war kuhr-baierscher Obrist der Renterei, und wurde von seinem jüngern Bruder vom Hause Wöbbel mit Gelde abgefunden; wofür er das Gut Steveringen in der Grafschaft Ravensberg von Dorotheen von der Decken, gebohrne von Donop, an sich kaufte, und von der Fürstin-Abtißinn zu Herford sich damit belehnen ließ. Als Lehnmann trug er 1663 bey dem sehr glänzenden Leichenbegängniß Landgrafens Wilhelm VI. in Cassel, statt des Erb-Küchenmeisters in Hessen, den goldenen Helm vor (p), indeß die anderen Insignien von den Lehngrafen zur Lippe, Waldeck u. s. w. getragen wurden. Dreimal hatte er sich verheiratet; zuerst mit Anna Elisabeth, des Johan Streuff von und zu Lauenstein und der Maria Henrica von Wrede aus Schellenstein Tochter; zum andernmal mit Lucia von Donop aus Bork-

---

p) Ehrensäule, dem Durchlauchtigem Fürsten und Herrn, Herrn Wilhelm *VI* Landgrafen zu Hessen rc. Rinteln (ohne Jahr- und Seitenzahl.)

Hausen, und nachdem auch diese gestorben war mit einer von Klenke. Mit der Streuff erzeugte er: 1) Anna Philippine, so 1705 als Abtißinn des adelichen Stifts Obernkirchen im Hessen-Schaumburgischen, 68 Jahr alt, die Welt verließ. 2) Henrich Hermann (s. u. Nro XII); 3) Magdalene Ursula, vermählt mit Christian Falk von Mengersen zu Rehder deren Grabmal in der Kirche daselbst unter andern anzeigt, daß sie 75 Jahr alt den 26. Nov. 1711 gestorben sey. Mit der von Donop blieben nach, 4) Levin Christoph, der Domherr zu Hildesheim (q) und dann Domprobst zu Strasburg (r), demnächst aber, nachdem er diese geistliche Würden abgegeben, und Kuhr-Trierischer geheimer Rath und Obermarschall zu Osnabrück worden war, sich mit Anna Metta, Tochter des Kurt Plato von Challon, genannt Seelen zu Hohlwinkel und der Catarine Maria von Groppendorf aus Lübke verehelicht, und damit, wie er den 28. Aug. 1726.

---

q) Zedlers Universallexicon und Gaubes Adelslexicon.
r) Zedlers Universallexicon.

als Geschlechtältester zu Schildesche starb, a) den Karl Christian, Domherrn zu Hildesheim s), und b. Maria Anne Sophie, mit Georg Ludwig von Cornberg zur Auburg und Richelsdorf verheirathet; 5) Moriz Melchior, als dänischer Obristlieutenant 1691 bei Lemberio in Irland geblieben; 6) Philipp Sigismund; 7) Sophie Elisabeth, vermählt mit Otto Heinrich von Donop aus Lübershof, und als Wittwe, Oberhofmeisterinn am Hofe zu Usingen; 8) eine Tochter, welche einen Obrist von Born zum Ehegatten erhielt.

XII. Heinrich Hermann zu Steveringen, lebte 1703 noch als preußischer Landrath des Ravensberger Kreises und Geschlechtsältester. Vermählt war er zuerst mit Louise Amalia Burchard v. Weferling zu Großwahlberg und Charlotten Eleonoren von Rochau Tochter, und nach deren Ableben mit Gertraut Dorotheen Grote, niedersächsischen altadelichen Geschlechts. Mit beiden hatte er eilf erwachsene Kinder; aus erste Ehe: 1) Sophie Elisa

---

s) Zedler und Gauhr.

sabeth, vermählte von Besten zur Heide, und 2. Friedrich Ulrich (s. u. Nro XIII); aus der zweyten: 3. Christian Dietrich, als dänischer Major gestorben; 4. Levin Moritz, geb. d. 21. Jun. 1685, und als kuhrkölnischer Kammerherr, Obrist über ein münstersches Regiment zu Fuß, Kommandant zu Osnabrück und deutscher Ordensritter t), d. 19. Febr. 1741 gestorben; 5. Clamor Johann Georg, war 1740 Landdrost zu Kniphausen in Ostfriesland und mit einer von Kampfhofen verheirathet; 6. August Johann Heinrich, ist zwar mit einer von Riede verheirathet gewesen, starb jedoch unbeerbt 1760 als Major des nassauischen Kreiskontingents; 7. eine Tochter, ward die Gemahlinn eines von Zerssen; 8. Louise, verheirathet mit dem Drosten von Carlowitz zu Horn; 9. Karl Ludwig; 10. Hedewig Philippine, geb. 1683, und als Abtissinn des Stifts Obernkirchen d. 18. Oct. 1767 gestorben; 11. Wilhelmine,

---

t) Johann Andräen Hofmanns Abhandlung von dem Kriegsstaate ꝛc. 2. Theil, Lemgo 1769. S. 929 und 930.

L

war Stiftsfräulein zu Schilschede im Ravensbergischen.

XIII. **Friedrich Ulrich zu Steveringen**, geb. 1670. Er gieng in dänische Dienste, verließ sie aber als Obristlieutenant wieder, und vermählte sich 1705 in der Pfalz mit Elisabeth Eleonore Cäcilia, Erbtochter von Johann Maximilian von Giggenbach zu Gebhardsreut und Maria Eleonore von Wolfswiesen u). Nach dem Tode dieser Gattinn verheirathete er sich zum andernmal mit Antoinette Ernestine von Donop aus Wöbbel, und starb als Geschlechtsältester den 23. Febr. 1744; nachlassend aus erster Ehe: 1. Ernestine Amalia, Erbtochter zu Gebhardsreut, geb. 1710, vermählt 1726 mit Achaz Heinrich von Donop aus Lüdershof, und gestorben in Höxter d. 21. Febr. 1763; 2. Levin Friedrich (s. u. Nro XIV); 3. Wilhel

---

u) **Krohnens Adelslexicon**, 2. T. S. 117 und Anhang 413, wo ein gerichtliches Zeugniß darüber. Eben so: **Geschlechts- und Wapenbeschreibungen zu dem Tyroffischen Wapenwerk**, 1. Band, Seite 18, nebst dem Giggenbachischen Wäpen selbst, in vorhergehenden Wapenwerk.

mine Sophie, verehelicht mit dem fürstlich Schwarzburg-Rudelstädtischen Hofmarschall von Wurmb; 4. Louise Ernestine, Hofdame bei der Landgräfinn zu Hessen-Philippsthal, gestorben d. 5. März 1771, und aus der andern Ehe: 5. Wilhelm Heinrich August zu Schötmar — welches nach dem Tode seines jüngern Bruders vergleichsweise an ihm kam — Hessen-Casselscher Generallieutenant, Obrist eines Regiments zu Fuß, Gouverneur der Stadt und Festung Ziegenhain, Ritter des goldenen Löwen und Großkreuz des Verdienstordens, ward geb. d. 15. Jul. 1721. Er hat sich bei mehreren Gelegenheiten im siebenjährigen Kriege als Befehlshaber des Hessischen ganzen Grenadierkorps, und besonders auch noch im October 1792 dadurch rühmlich hervorgethan, daß er mit einer eiligst im Lande zusammengebrachten sehr geringen Kriegsmacht den Franzosen, nach der Einnahme von Mainz und Frankfurt, vor Hanau standhaft die Spitze both, und sie vom weitern Vordringen auf deutschen Boden abhielt. Vermählt hatte er sich schon 1747 mit Charlotte Sophie Juliane, Tochter des N.

Marquis Du Hamel und der Maria Anne von Donop aus Wöbbel, welche aber den 13. Oct. 1781 die Welt verließ, nachdem sie folgende Kinder darauf zurückgelassen hatte: a) Maria-Anne, Abtissinn des adelichen Stifts Käppel im Nassau-Diezischen, geb. d. 3. Oct. 1747; b) Philippine Amalia, geb. d. 24. Oct. 1751, und verehelicht d. 3. Febr. 1784 mit Franz Joseph von Donop zu Wöbbel; c. Karoline, Stiftsfräulein des adelichen Stifts Obernkirchen, mit ihrer Schwester ein Zwillingspaar, starb d. 6. Sept. 1791; d. Wilhelm Karl August, geb. d. 19. Apr. 1756, erst Lieutenant bei seines Vaters Regiment, und dann herzoglich Holstein-Oldenburgischer Kammerjunker, starb den 24. Dec. 1786, und e. Karl Julius Ludwig Wilhelm Friedrich, hessen-casselscher Rittmeister der Karabiniers, geb. den 23. Dec. 1760; 6) Johannette Wilhelmine, verheirathet mit dem hannoverschen Major von Bobart, und seit mehreren Jahren als Mutter gestorben; 7) Elisabeth, Stiftsfräulein des adelichen Stifts Kappel im Lippischen, geb. 1726 und gestorben d. 27. Febr. 1771; endlich 8) Karl Aemil Ulrich zu Schötmar und Brokschmidt, Hessen-casselscher Kammerherr, Obrist bei der ersten Garde, Flügeladjudant, Inhaber des Jägerkorps und Ritter des Ordens vom Verdienst, geb. den 1. Jänner 1732. Er kaufte ebengedachte beiden Güter von seinem mütterlichen Oheim, dem General-Lieutenant Simon Moritz von Donop, hatte dem siebenjährigen Kriege rühmlich beigewohnt, und that sich hernach mit dem Jäger- und ganzen hessischen Grenadierkorps, auch oft noch mit andern unter seinen Befehlen gestandenen Regimentern, gegen die wider Großbritannien sich empörten Amerikaner, ausnehmend hervor, wurde auch bei dem von ihm so tapfer angeführten Sturm des Forts Nebbant am Delaware, bei Philadelphia, d. 22. Oct. 1777 so schwer verwundet, daß er am 29. darauf seinen Heldengeist aufgab. Da wo er fiel, ward er seinem Verlangen gemäß, bei den mit ihm gefallenen tapfern Hessen begraben; und ein französischer gegenwärtiger General ließ ihm ein Monument aufs Grab setzen.

XIV. Levin Friedrich zu Steveringen — von nun an meistens Stedefründ genannt — ward d. 24. August 1712 gebohren. Er stand erst in Hessischen, dann als Hauptmann im Prinz Heinrichschen Regiment in preußischen, und zuletzt wieder als Obrist und Kommandeur der zweiten Garde in erstern Diensten, und gieng d. 12. Jänner 1762 zu Stedefründ in ein der Abwechselung weniger unterworfenes Leben über. Mit seiner Gemahlinn Juliane Charlotte von Zedlitz aus Schlesien, waren folgende seine Kinder: 1) Friedrich Conrad (s. u. Nro XV); 2) Heinrich Ferdinand Karl Georg, preußischer Hauptmann im Regiment von Pirch in Stettin, geb. in Potsdam d. 13. März 1748, vermählt 1772 mit Charlotte von Hanssen aus dem Magdeburg. und dadurch Vater von a) Juliane Charlotte Friederike Auguste Wilhelmine, den 15. August 1774, so wie b) Karl Friedrich Eberhard Johann Wedig, preußicher Lieutenant in obigem Regiment, in Magdeburg d. 19. Apr. 1766 gebohren, c) Charlotte und d) Wilhelm; 3) Charlotte Friederike Ernesti ne, geb. d. 6. Aug. 1748; 4) August Moriz, preußischer Major im Regiment von Kunizki, geb. in Potsdam d. 7. Jänner 1751, vermählt in Wesel d. 7. Dec. 1783 mit Anna Gertraud Eugenia v. Asbeck, und gestorben in Luxemburg den 19. Sept. 1783; nachlassend aus dieser Ehe: a) Charlotte Friederike Louise Karoline, d. 25. Apr. 1788, b) Friedrich August Moriz, in Wesel d. 18. Dec. 1789, und c) Elisabeth Charlotte, d. 24. Dec. 1791 gebohren; 5) Karoline Amalia Eleonore, Hofdame bei der regierenden Fürstinn zu Anhalt-Dessau königl. Hoh., geb. d. 24. Jänner 1752; 6) Karl Moriz, preußischer Hauptmann im Regiment von Grebeniz, geb. den 10. Jun. 1753, und verheirathet im Oct. 1790 mit Lisette Gertrude, des preußischen Obristlieutenants von Chatillon genannt von Haeften aus dem Clevischen Tochter, wovon auch schon Kinder erzeugt seyn sollen; 7) Elisabeth Henriette Magdalene, geb. d. 28. Oct. 1754, war Hofdame bei der verstorbenen Fürstinn-Coadjutorinn von Herford, Prinzessinn zu Anhalt.

XV. Friedrich Conrad zu Wittenmohr, in Nauen an der Havel d. 1. Jänner 1746 gebohren. Er nahm als Rittmeister seinen Abschied aus preußischen Diensten, verehelichte sich den 26. Jun. 1786 mit **Wilhelmine Amalia Aeschbach** aus dem Brandenburgischen, und hat bis jetzt von ihr drei Kinder: a) **Friederike Amalia Sophie Karoline**, d. 24. Jul. 1787, b) **Juliane Charlotte Friederike Henriette**, den 2. Jun. 1789, und c) **Friedrich Wilhelm Moriz August Karl**, in Arendsee d. 22. Sept. 1791 gebohren.

Er verkaufte 1789 Stedefründ für 45000 Thaler an die Generalinn von Ueslar; wogegen er 1791 das freie erbliche Rittergut Wittenmohr bei Stendal in der Altemark Brandenburg von einem von Lüdwitz wieder ankaufte.

Wöbbelscher Hauptzweig.

XI. Simon Moriz von Donop zu Wöbbel und Schötmar, ward 1613 gebohren. Er war anfänglich in holländischen und kaiserlichen Diensten, und in diesem zuletzt Kriegsrath und Obrist über ein Regiment Reuter, indeß er sich im dreizigjährigen Kriege oft durch Tapferkeit auszeichnete; 1650 nahm er mit einem ansehnlichen Gnadengehalte seinen Abschied, und wurde lippescher geheimer Rath und Landdrost. Das Gut Schötmar kaufte er einzeln zusammen, und ließ es darauf vom Landesherrn mit adelichen Gerechtsamen belegen. Vermählt hatte er sich schon 1635 mit Anna Ursula Morizen von Kerssenbruch zu Mönchshof, und Elisabeth von Donop Tochter. Die Kinder, welche er mit ihr bei seinem Ableben d. 2. Jul. 1676 zurückließ, waren: 1) Levin Moriz (s. u. Wöbbelscher älterer Zweig, Nro XII); 2) Rudolph Friedrich Julius, frühzeitig als dänischer Cornet gestorben; 3) Philippine Louise, Gemahlinn des Drosten Christian von Challon, genannt Geelen zu Hohlwinkel; 4) Dietrich Ernst (s. u. Wöbbelscher jüngere Zweig, Nro XII); 5) Lucia Justine, verehelicht mit Otto von dem Brinke zu Iggenhausen.

Wöbbelscher ältere Zweig.

XII. Levin Moriz zu Wöbbel und Borkhausen, lippescher geheimer Rath, Landdrost und

Kammerpräsident w), geb. zu Blomberg im August 1636. Er kaufte Vorkhausen von Christian von Donop an sich, erbauete ausser allen den kostbaren Häusern zu Wöbbel, die Kirche daselbst und die zu Varenholz, und fundirte größtentheils letztere, weil vorher noch keine da war, wie solches sein und seiner ersten Gemahlinn Grabmäler in der Kirche, jedes mit den 16 Zeichen der sogenannten Vollbürtigkeit gezieret, erweisen. Aus dieser Ehe, mit der den 28. Febr. 1681 gestorbenen Sabine Margarete von Heiden, hatte er keine Kinder; mit der zweiten Gemahlinn aber, Maria Juliane, des Hermann Achilles Businghausen von Walmerode zu Macholsch ꝛc. und der Barbara Hedwig von Bülow aus Stintenburg Tochter, und Erbinn der Güter Stufgarde, Ifingen und Wehre in Schwaben, hinterblieben bei seinem den 20. Nov. 1695 zu Wöbbel erfolgtem Ableben: 1) Amalia Hedwig, Erbinn von Stufgarde, Ifingen und Wehre, Georg Seifrieds von Leininger zu Sorgendorf, Mezzingen und

---

w) Zedlers Universallexicon.

Ifingen, herzoglich würtembergischen Oberkäm=
merers Ehegattinn; 2) Juliane Maurizia,
erst mit Friedrich Christoph von Kers=
senbruch zu Wierborn und Helbra, dann mit
dem Oberstallmeister von Marenholz zu
Hannover, und endlich mit Fabian Ernst,
Reichs= und Burggrafen zu Dohna im
Reicherswalde vermählt; 3) Karl Heinrich
Kasemir Moriz (s. u. Nro XIII), und 4)
Victor Benjamin, welcher als kaiserlicher
Hauptmann im Regiment Maximilian Stahren=
berg bei Guastalla geblieben ist.

XIII. Karl Heinrich Kasemir Moriz zu
Wöbbel, Vorkhausen, Himmighausen, Erpen=
trup, Langeland ꝛc., kaiserlicher Reichshofrath,
geb. d. 29. Apr. 1685. Er machte mehr Auf=
wand, als 12000 Thaler jährlicher eigener Ein=
künfte es gestatteten, und verkaufte daher 1729
das ansehnliche Gut Vorkhausen an die Horn=
hardischen Erben. Mit seiner Gemahlinn Lu=
cia Anna Sophie, Tochter des Otto Ge=
org von Schilder, und der Agnese Ca=
tharine von Ascheberg aus der Venne, er=
erbte er die Güter Himmighausen, Erpen=

trup, Langeland und das Eisenbergs werk bei Altenbeken im paderbornischen Hochstift, und starb d. 22. May 1754. Die Kinder jener Ehe waren: 1) Moritz Georg Dietrich Joseph, geb. 1706, und ledigen Standes unglücklicherweise erschossen d. 8. März 1758; 2) Friedrich Julius, geb. 1708, starb als preußischer Lieutenant d. 24. Sept. 1747; 3) Amalia Juliane Maria Antoinetta, Stiftsfräulein zu Fründenberg, ist 1743 gestorben, und 4) folgender:

XIV. Franz Maximilian Ignaz Ferdinand zu Wöbbel, Himmighausen, Erpentrup, Langeland ec. d. 19. May 1715 gebohren, gab den münsterschen Dienst als Major auf, und starb als Geschlechtsältester in Himmighausen d. 10. Febr. 1790. Zuerst hatte er sich mit einer nicht adelichen Standes verheirathet, und nach derselben 1772 sich ereignetem Tode, am 1. Nov. 1773 zum andernmal, mit Louise Christiane, Tochter von Karl Levin von Friesenhausen zu Obermaspe, und Wilhelmine Johannette von Mairhoffen aus Aulenbach im Fuldaischen. Kinder der ersten Ehe waren:

1) Karoline Wilhelmine, geb. b. 29. Jänner 1743; 2) Franz Joseph, Erbfolger in den väterlichern Gütern, und hessen-casselscher gewesener Hauptmann, wurde geb. b. 26. Dec. 1751, hinterließ aber seine Gattinn, Amalia von Donop aus Steveringen, bei seinem Tode b. 10. Jänner 1791 ohne Kinder; 3) Franz Anton, vorläufiger Erbe jener Güter, kam b. 11. May 1756 in die Welt, und diente vorhin dem Landgrafen von Hessen als Fähnrich; 4) Simon August, würtenbergischer Hauptmann, ward b. 4. August 1759 gebohren. Aus zweiter Ehe leben noch: 5) Wilhelmine Louise Sophie Amalia, geb. b. 4. Sept. 1774; 6) Georg Christian Franz Joseph Anton, Fähnrich im zehnten hannoverschen Regiment zu Fuß, erblickte die Welt in Himmighausen den 15. März 1776; 7) Karl Ludwig, b. 20. Jänner 1778, und 8) Sophie Amalia, b. 1. May 1785 gebohren.

(Die Fortsetzung künftig.)

VIII.
Vermischte Anzeigen.

A. Die mir im August 1796 zugeschickte Biographie des Königs Theodor von Korsika habe ich zwar richtig erhalten; allein sie ist, so wie sie daliegt, nicht vollständig und interessant genug, um sie in diesem Magazin abdrucken zu lassen. Die Lebensgeschichte dieses merkwürdigen westphälischen Edelmanns verdient es indessen in ein helleres Licht gesetzt zu werden. Ich ersuche daher jeden, besonders aber den ungenannten Herrn Einsender, mir fernere Beiträge dazu mitzutheilen.

B. Da ich meiner ausgegebenen Ankündigung gemäß auch Todesfälle, Vermählungen, und Geburten des Adels aufnehme; so bitte ich mir solche nach dem in der Ankündigung abgedruckten Formular gegen die Inseratgebühr eines Guldens von nun an postfrei aus. Der Nutzen, der dadurch in der Zukunft für den Adel gestiftet wird, ist unverkennbar.

Inhalts-Anzeige.

I. Historisch-diplomatische Genealogie der reichsgräflichen Familie von Westpfal in Fürstenberg. Vom Herausgeber. Seite 9.

II. Kurt Spiegel zum Deesenberg, eine wahre Szene aus den Ritterzeiten des Mittelalters. Vom Herausgeb. Seite 69.

III. Vertrag zwischen Bischof Bernhard V. und den Ständen des Hochstifts Paderborn vom J. 1326. Mit Anmerkungen vom Herausgeber. Seite 87.

IV. Sonderbare jährliche Bestätigungs-Ceremonie des vorstehenden Vertrags im Dom zu Paderborn. Seite 105.

V. Schreiben eines Ungenannten an den Herausgeber, die Landtagsfähigkeit des nicht vollbürtigen Adels betreffend; mit Anmerkungen. Seite 111.

VI. Hans Christoph Schüngel von Echthausen, merkwürdige biographische Nachrichten, von ihm selbst geschrieben. Seite 116.

VII. Geschlechtsnachrichten der Familie von Donop; vom Herrn Obermarschall Freiherrn von Donop in Detmold. Seite 136.

VIII. Vermischte Anzeigen. Seite 174.

(Einige eingeschlichene Druckfehler wird der gütige Leser, da sie eben nicht wesentlich sind, selbst verbessern.)

In Commission bei den Gebrüdern Hahn in
Hannover, und gedruckt bei Wilhelm
Junfermann in Paderborn.

www.ingramcontent.com/pod-product-compliance
Lightning Source LLC
Chambersburg PA
CBHW031446160426
43195CB00010BB/873